リカちゃん
生まれます

小島康宏

【 ミリタリールック 】

LD 桃色珊瑚

柔らかな桃色の配色が
とっても優しくてお上品ですね。

LD エンゼルフィッシュ

たっぷりギャザーとミニスカートから
覗くペチコートがキュート！

【　】＝ドレス名。 LD ＝名称不明につき、リンダ氏がこの本のために命名。

【 リボンのししゅう 】

リボンが織り込んである生地！
なんて手が込んでるの！？

【 レコードコンサート 】

大胆なフリルとレース使いが素敵！
ツーピースのようなワンピース。

【 ギャランクシー 】

ポップ＆ファンキー！
リカちゃん　イカす〜〜〜★

LD チロルへハイキング

チョーカーと腰のチロリアンテープが
フォークロアですね。

text by リンダ／ドウニモトマラナイ（http://lovelovelicca06.web.infoseek.co.jp/）

【 ダイヤカット 】

ダイナミックな配色も
サラリと着こなす所がさすが！

【 お散歩のとき 】

あまりにもデザイン性の高い1着。
私も着たいな〜。

あの日、遊んだお人形は
いまもどこかで、眠っています。

下より：ウールのケープをまとった「リカちゃん」、洋服は【 パリモード 】／中嶋製作所（現ナカジマコーポレーション）が'66年に発売した「スカーレットちゃん」／タカラが'71年頃、輸入販売した米トッパー社のコンパクトドール「ドォン」、身長約16cm。

リカちゃんトリオの紹介

「リカちゃん」は5月3日生まれの牡牛座。おなじみの白樺学園5年生、O型、国語と音楽と美術が得意で、算数が苦手といったプロフィールが登場するのは2代目以降。

	やさしい ママ	かわいい リカちゃん	きれいな いづみちゃん	おちゃめな くるみちゃん	かっこいい わたるくん	わんぱくな ごろちゃん
名前	香山織江	香山リカ	佐藤いづみ	佐藤くるみ	橘わたる	橘ごろ
すきな色	紫色	ピンク	黄色	オレンジ	ブルー	グリーン
すきな花	ゆり	バラ	スイートピー	パンジー	カトレア	ポピー
すきな本	アンナカレーニナ	小公女	若草物語	人魚姫	カラマーゾフの兄弟	巨人の星
とくいなもの	絵とフランス語	絵と音楽	ピアノ	歌	スポーツ勉強	プラモデル
しょうらいの夢	フランスにブティックをもつこと	デザイナーになりたい	スチュワーデスになりたい	ファッションモデルになりたい	アフリカ探険に行きたい	かっこいいレーサーになりたい

（ブックレット 中頁）

リカちゃんドリームハウス

ロココ調の階段とシャンデリアのある夢の世界。
お部屋が変る3枚のカード付きで、右奥の扉を開けると本棚がある。

Dress【 ミニミニロック 】

リカちゃん

ひみつコーナー

- きれいでやさしくいい感じの子
- すばらしい…ドリームハウス（夢のおへや）があります
- 髪がとても長くていろいろなヘヤースタイルができます
- びっくりするほどよくにあうドレスがたくさんあります。

リカちゃんのすべて	
お父さん	フランス人
お母さん	日本人
リカちゃん	とてもやさしい
好きなこと	絵がじょうず
べんきょう	あまりできない
悩み	フランスにわたった父がわからない

デパート・おもちゃ屋さんでみてね……

やさしいリカちゃん

NO. 8502
エレガントワンピース〈ボニー〉
850円

NO. 8501
エレガントワンピース〈おさげ〉
850円

NO. 7501
ミニスカート〈赤〉
750円

NO. 7504
ミニスカート〈ピンク〉
750円

NO. 9801
デラックス〈パリー〉
980円

すばらしいドレスセットが各種そろっています。デパートやおもちゃやさんでかってネ。

NO. 601
江の島〈ゴーゴー〉
600円

NO. 7507
志賀高原
750円

NO. 7506
軽井沢
750円

NO. 9802
デラックス〈ウィーン〉
980円

'67年7月に新発売した「リカちゃん」人形に同封。人形は最初の15種類、表紙は牧美也子先生が描いてくださったイラスト。右頁【 江の島 】の下にはドレスセットの商品写真を入れる予定だった。

【若草】
NO. 7019　700円
ドレスNO. 3019　300円
すてきな玉のレースが若草にたわむれているわ。

【ヨットにのって】
NO. 7072　700円
ドレスNO. 3072　300円
タオル布でラフなタッチ。しぶきをあげてごきげんよ。

【太陽】
NO. 6042　700円
ドレスNO. 2042　200円
まっかな太陽のワンピース。白い雲のレースとおにごっこ。

【お祈り】
NO. 7544　750円
ドレスNO. 3544　350円
白地につたのようにからんだレース。チャペルを思いだしたわ。

【歌声】
NO. 7047　700円
ドレスNO. 3047　300円
あかるい歌声がきこえるようなドレス。大きなベルトがすてき。

【あさひ】―ニット―
NO. 7522　750円
ドレスNO. 3522　350円
ニットの感じすてきよ。春や秋のドレスとしてそろえるといいわよ。

【カレッジ】
NO. 7571　750円
ドレスNO. 3571　350円
ストライプのシャツにコットンのスラックスとても清けつです。

【人魚姫】
NO. 7042　700円
ドレスNO. 3042　300円
水にぬれた人魚姫に太陽があたりキラキラかがやいています。

【大きなバラ】
NO. 7020　700円
ドレスNO. 3020　300円
赤と白のツートンカラー、大きなバラのプリントがすてきだわ。

【さくらの花びら】
NO. 7043　700円
ドレスNO. 3043　300円
すきとおるナイロンの２だんの花びらがさわやかです。

【百日草】
NO. 7543　750円
ドレスNO. 3543　350円
ちぢみの生地は百日草フリルのもんしろちょうがとまったの。

【ドライブ】
NO. 7572　750円
ドレスNO. 3572　350円
ザックリしたシャツ、いかすわ!!スポーツカーにのって時速100キロ。

【そよ風】
NO. 7018　700円
ドレスNO. 3018　300円
やわらかいそよ風が、野の花とおしゃべりしているみたいだわ。

【銀のつばさ】
NO. 7044　700円
ドレスNO. 3044　300円
ロケットのように、さっそうと宇宙へ飛んでいきたいわ。

【黄色いパンタロンスーツ】
NO. 8509　850円
ドレスNO. 4029　400円
ラッパズボンでね。テレビのザ・ピーナッツみたい。

スカートは当時流行りのミニ丈。女の子に人気があった、胸元にヨークのあるデザインが目立つ。

【デイトかしら】
NO. 7541　750円
ドレスNO. 3541　350円
あざやかな赤のツーピース。コインのボタンがシックなの。どちら

【かわいいお花】
NO. 6041　600円
ドレスNO. 2041　200円
お花がいっぱいのワンピース。まっ白いえりもとがかわいいかんじよ。

【レモンのしずく】
NO. 7041　700円
ドレスNO. 3041　300円
フレッシュなレモン色にフリルがやさしくささやいています。

【ハイキング】
NO. 7071　700円
ドレスNO 3071　300円
スポーティなスタイル。わたるくん　どこへ行くの……。

【きんぎょ】
NO. 7542　750円
ドレスNO. 3542　300円
やわらかいナイロンがかさなり、金魚のおよいでいるみたい……。

遅刻《ちこく》しちゃったけど，体育《たいいく》の時間《じかん》にはまにあうわ！ママ！うそついてごめんなさい。ママ，心配《しんぱい》かけてごめんなさい！」「リカちゃん。だれにだって得意《とくい》，不得意《ふとくい》なものはあるのよ。でもきらいだからってしりごみしてたら何《なに》んにもできない子《こ》になっちゃうのよ。これからは，どんな小《ちい》さななやみも，ママに相談《そうだん》してね，かいけつ方法《ほうほう》はいくらでもあるのよ。」

「わかったわ　ママ！　いってきまーす！」

〔右頁〕ドレスはお姫様ごっこに欠かせなかった。初代の中でも「いづみちゃん」に前髪ができた後期のもの。〔左頁〕「カルダン調」はファッションデザイナーのピエール・カルダン氏より。

かっこいいブーツにメッシュのパンティストッキング
３つのがらのタイツがそろっています。ブーツとのくみあわせがたのしめるのすてきでしょ！
【ハート】NO.8052 800円 ドレスNO.4552 450円
【カカオ】NO.8026 800円 ドレスNO.4526 450円
【コーラ】NO.8020 800円 ドレスNO.4520 450円
【ルル】NO 8022 800円 ドレスNO.4522 450円
【マギー】NO 8051 800円 ドレスNO.4551 450円
レザーのミニスカート・デザインはカルダン調
【ダイヤ】NO.8023 800円 ドレスNO.4523 450円
【アイドル】NO 8049 800円 ドレスNO.4549 450円
【ロンド】NO 8025 800円 ドレスNO.4525 450円
【チャーム】NO.8050 800円 ドレスNO.4550 450円
【ピッコロ】NO.8021 800円 ドレスNO.4521 450円
【シャーベット】NO 7053 700円 ドレスNO.3553 350円

【人魚姫】

銀糸を織り込んだラメ布の服。当時は人形サイズの小花柄の布を探すのが大変で、がま口の小銭入れの裏地を使ったこともある。

「くるみちゃん」ドレスセットの裏面より

きれいな いづみちゃん　おちゃめな くるみちゃん　かっこいい わたるくん　わんぱくな ごろちゃん　かわいい リカちゃん

「リカちゃんトリオ」のブックレットより

【シルバーミニルック】		【ステージ】		【ミリタリールック】	
NO. 7518	750円	NO. 8073	800円	NO. 7519	750円
ドレスNO. 3518	350円	ドレスNO. 4073	400円	ドレスNO. 3519	350円

ワーすてき　がんばってぇー　リカちゃんトリオ だいねつえんです。声えんしてね、レッツゴー!!　タイガースみたいなリカちゃんトリオ かっこいいわ。

〔がっきはべつです〕

「リカちゃん」の思い出

あなたはどんな「リカちゃん」で遊びましたか？

つぶらな瞳でやさしくほほ笑みかけてくる「リカちゃん」が誕生してから約40年。わたしは機会があるたびに、大人になった女の子たちにこんな質問を投げかけてきました。

「わたしのリカちゃんは生意気にラッパズボン（パンタロン）なんか穿《は》いてたわ」、「わたしは毎晩、リカちゃんと一緒に寝ていました」、「リカちゃんの髪を切ったらギザギザになってしまって、大泣きしたんです」。

みな童心に帰り、ドレスの色や柄、「リカちゃんハウス」のソファーの感触まで、ことに細かに当時の思い出を聞かせてくれます。時には、ねだっても買ってもらえなかった、という恨み節が飛び出すこともありました。

40年以上前、「リカちゃん」の初代担当者であったわたしの「リカちゃん」との思い出は、多くの人との出会いにつながります。腕の良い職人さんや工場のおばちゃんたちに助けられて「リカちゃん」を製造し、発売に漕《こ》ぎつけた日のこと。問屋に、「こんな細い人形は売れない」と言われながらも、当時の少女たちが「かわいい、死んじゃう！」と支持してくれたこと。そして、女の子たちは「リカちゃん」に夢中になり、その後40年以上も「リカちゃん」が愛され続けることになる、確かな種火を熾《おこ》してくれました。

わたしはこの本に、「リカちゃん」の誕生に立ち会った時の思い出を詰め込み、手もとに仕舞いこんでいた資料をできるだけ掲載しました。当時、「リカちゃん」で遊んでくれた女の子や、「リカちゃん」を愛してくれる人々が、「きゃあ、かわいい」と、ふたたび熱狂してくれることを願って……。

これは、わたしが大人になった女の子たちに贈る、感謝のラブレターです。

それは女の子にとって、始まりだった

１９６７（昭和42）年7月4日。つぶらな瞳にみかん色の唇をした初代「リカちゃん」人形がタカラ（現タカラトミー）から発売されました。当時、小学校5、6年生の女の子たちはそれを、「わたしたちに〝日本のお人形〟のお友達ができた！」という、衝撃的な出来事として受け止めてくれたのです。

当時売られていた「バービー」（米マテル社）や「タミー」（米アイデアル社）、「スカーレットちゃん」（中嶋製作所）といった着せ替え人形とは異なる、日本人のルックスをした女の子。それに少女まんがから飛び出してきたような瞳の輝く顔立ち、触ると毀《こわ》れてしまいそうな、ほっそりとした手脚。

約30センチの他の人形に比べ、「リカちゃん」の身長は21センチ。5頭身のペチャパイで、子どもの掌《てのひら》にすっぽりと収まる華奢《きゃしゃ》な体つきをしていました。「リカちゃん」は発売直後から女の子たちの熱烈な支持を得て、フレンド人形の「いづみちゃん」や「わたるくん」が翌年発売される頃になると、すでに着せ替え人形のスター的地位を占めていました。

なぜそうなったのか？　それは当時の女の子を取り巻くお人形が、今とは随分《ずいぶん》違っていたことに起因します。

戦後、女の子が愛《いつく》しんできたお人形は、技術革新により目まぐるしい変化を遂げます。戦前からあったセルロイド人形は、1955年前後には柔らかく重みのあるソフトビニール製の人形にとって代られ、ミルク飲み人形や、カール人形、歩行人形が登場しました。これらはみな、幼児体形のぷっくりとしたお人形。そこへ1962年、当時は〝ファッションドール〟と呼ばれていた、「バービー」や「タミー」がアメリカからやって来たのです。アメリカで1959年にマテル社が発売した「バービー」は、もともと日本で生産されており、それがやっと日本にも回ってきたかたちです。「タミー」はアメリカで発売されると同時に日本にも輸入されてきました。

「バービー」や「タミー」の登場により、日本の女の子たちは、初めて着せ替え人形というものに出会いました。幼児からティーンに成長したお人形には、おしゃれなドレスやアクセサリーがたくさん付いていましたが、これらの人形は都会の裕福な家庭でないと買ってもらえない高価なもの。1966年には日本の中嶋製作所（現㈱ナカジマコーポレーション）が「スカーレットちゃん」を発売して、多少は手が届きやすくなりますが、当時の着せ替え人形は概《おおむ》ね、西洋人形の流れをくんで金髪で瞳が碧《あお》かったり、というのが定番でした。

ですから1967年に、どことなく日本人の面影を宿す、栗色の髪のお人形「リカちゃ

デパートで人形を選ぶ親子
（'66年 朝日新聞）

ん」を見て、当時の少女たちは「自分たちとおんなじだ」という新鮮な驚きを感じたことでしょう。'60年代は、一般の家庭にもカラーテレビが普及しはじめ、車にクーラーと、大人たちは新三種の神器（３Ｃ）を欲しがっていた時代です。そんな時、女の子たちのもとには「リカちゃん」がやって来ました。「リカちゃん」を持ってお友達の家に行き、「リカちゃん」のお着替えを作るために、生まれて初めて針を持つ。そして、「リカちゃん」以外にもたくさんの人形が現れては消え、着せ替え人形の市場が一気に花開いていったのです。

わたしたちは当時、それまでにない〝日本の人形〟を作ろうという志に燃えて、「リカちゃん」人形を送り出しました。しかし実のところ、はじめから人形を作ろうとしていたわけではありませんでした。

それではなぜ、タカラが「リカちゃん」を発売することになったのか、その経緯《いきさつ》をお話ししましょう。

「ドリームハウス」開発ノート

「リカちゃん」に関する全ては、ここにある1冊の大学ノートから始まります。

表紙には、色あせた字で「ドリームハウス企画進行記録」、「記録担当　小島」とあり、わたしが「リカちゃん」人形の開発に携わった時の記録です。

ビートルズが来日し、子どもたちにとっては「ウルトラマン」のテレビ放映が始まった1966（昭和41）年。経済成長の真っ只中で、日本の人口が1億人を突破し、ベトナムではまだ戦争が続いていた年――。

その年の12月14日、会議の始まりを待つわたしに、タカラの佐藤安太《やすた》社長（当時）が真新しい1冊のノートを手渡しました。

「アメリカでは着せ替え人形を入れるキャリングケースが売れているらしい。折しも今日は赤穂《あこう》浪士討ち入りの日だ。わが社も人形ケースの製造に乗り出して、人形業界に討ち入りをしようではないか。担当は小島、きみだ」

社長はそう言うと、わたしにそのノートを日報として、毎日提出するよう命じました。

当時、葛飾《かつしか》区《く》青戸《あおと》にあったタカラは、浮き輪やビーチボールなど、空気入りビニール玩具を製造する町の中小企業でした。従業員は160人程、年商は約8億円。1960年には「だっこちゃん」人形で空前のヒットを記録しましたが、数年を経たこの頃はビニール

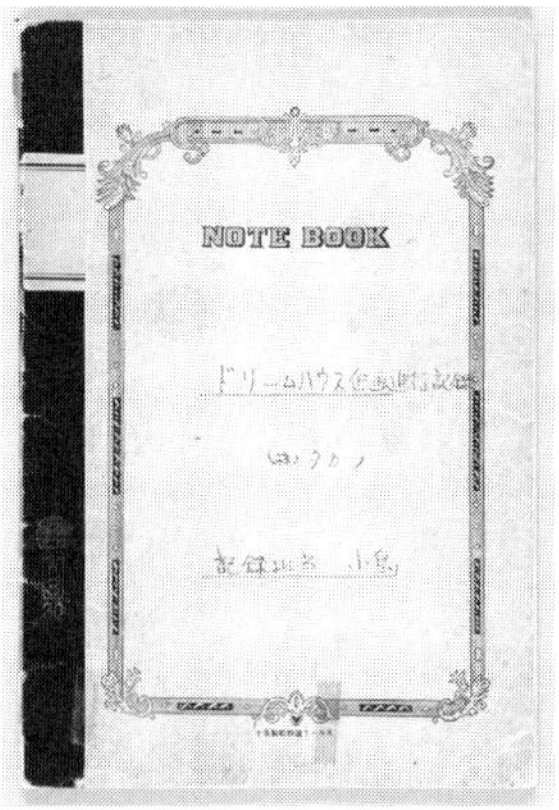

玩具市場の先行きが見えず、事業の多角化が求められていた時でした。それに、浮き輪やプールの需要があるのは夏だけで、冬はまったく売れません。わたしたちは秋から冬に会社の懐《ふところ》を暖めてくれる、焼き芋型の商品を必死に探していたのです。

その時26歳だったわたしも、社が置かれている状況を、肌で感じているひとりでした。というのは、アメリカ輸出向けのビニール玩具の需要が減り、赴任先の香港工場から戻されたばかりだったのです。帰国後の仕事は、検品の手伝いや内職回りの助っ人《すけっと》などで、わたしの上司も同じ理由で出向先のメーカーからタカラに戻ってきていました。

ノートを渡された時、眼光鋭い社長に正面から見据えられて、いつもとは違う緊張を覚えたことを、今でもはっきりと記憶しています。

そのノートの冒頭には、すでに社長の字で、次のようなことが記されていました。

「この記録はドリームハウス（仮名）の企画及進行について記録をとどめ、その進行過程を後刻参考にするためのものである。」（中略）

「わたしの決意（略）

…現在　①タカラを多角化しなければならないこと　②当社の加工法がそのまま通用すること　③一時的なものでなく永続的なアイテムラインを構成出来る可能性をもってい

ることなどから／Ⓐ1セクションを設けて研究すること　Ⓑ場合によっては専門生産工場の設立まで考える　ことを決意、責任者の決定をすることとした。」（以下略）

その責任者がわたしというわけで、当時は社運を賭《か》けた仕事を任されたことを、いやでも感じていました。なぜなら、社長から日報を渡されて、毎日進捗《しんちょく》状況を報告しろと言われたのは私が初めてでしたから。不安になるとか、茫然《ぼうぜん》とするなどという余裕はなく、「やるしかない」という気持ちが自然と湧《わ》いてきました。

社長はこの決意の宣誓を記した時、どこまで先の将来を見据えていたのでしょうか。わたしは、このノートを部署を異動しても、タカラを退社しても大事に持ち歩きました。いつしか「開発ノート」と呼ばれるようになりましたが、ページをめくると、「リカちゃん」での成功、失敗、時には社長への進言が綴《つづ》られていて、忘れていたことが次々と蘇《よみがえ》ってきます。このまま、開発ノートを見ながら、話を続けさせてください。

ドリームハウスを探して

当時のタカラでは、社長から人形の仕事をする、と言われても首をかしげてピンとこない人が多かったのです。というのは、着せ替え人形はもとは舶来品で高価なものですが、それに対してビニール玩具は安価なおもちゃの代表、売られているお店も、客層も変わってくる。なにせ、ふくらます玩具だから〈ふくらまし屋〉と呼ばれていたぐらいで、人形は、わたしたちには畑違いの分野でした。

「人形ケースの試作を作る人間が必要だろう。ひとり補佐を選びなさい」

社長に言われ、わたしはすかさず、「研究室の照井さんをお願いします」と答えました。わたしより3、4歳上の、照井真澄《ますみ》さんは、以前は人形劇の舞台美術をやっていたという異色の経歴の持ち主で、寡黙《かもく》で仕事が丁寧な、芸術家肌の人でした。

社長がアメリカ人の商談相手から好評だと聞いていたのは「キャリングケース」でしたが、ノートの表紙に「ドリームハウス企画進行記録」とあるように、わたしたちが作ろうとしていたのは、むしろドールハウスでした。実際に、「バービー」用などには持ち運びができるドールハウスがあると、聞いていたのです。

わたしと照井さんはドールハウスの実物を探しに、師走《しわす》の銀座へ繰り出しました。デパートのおもちゃ売り場は、クリスマス直前なので、平日でも賑《にぎ》わいを見せています。女の子のおもちゃコーナーには「バービー　タミー売り場」という看板があり、硝子《ガラス》のショーケースの中に大事に人形が飾られていました。「バービー」や「タミー」のドレスセットは飛ぶように売れていましたが、肝心のドールハウスはデパートを数店回っても、見つかりませんでした。

「あとはアメリカの通販カタログを手に入れるしかないですね」

社長から、ドールハウスがシアーズ（アメリカの百貨店）の通信販売で売れていると聞いていたので、そのカタログを探しに神保町《じんぼうちょう》の古書店街へ向かいました。数軒回ってやっと手に入れたカタログをめくっていると、英語で〈ドールハウス〉と書かれたものが、確かに載っています。

「あ……、こういうものなのか」

それは横長のトランクケースを開けると中が部屋になっているもので、瀟洒《しょうしゃ》なソファーやテーブル、人形の洋服掛けに、ベッドなどが置いてありました。まるで部屋そのものという雰囲気で、アメリカの豊かさを感じさせるハウスです。同じページには〈キャリングケース〉と書かれた真っ赤なビニール製の箱があり、こちらは縦長で持ち手が付いていて、中は人形と洋服を収納できるクローゼットのような作り。これなら簡単だからハウスと一緒に作ってしまおう、とその場で閃《ひらめ》いた憶《おぼ》えがあります（結局、ハウスとケースを同時進行する破目《はめ》になり、忙しくなって自分の首を絞める結果になったのですが……）。

カタログの小さな写真では、ハウスの作り、家具の材料など詳しいことは分かりません。

やはりハウスの実物が欲しくてアメリカ軍のＰＸ（陸軍売店）や輸入雑貨を扱っていた原

宿のキデイランドに行って探しましたが、結局、徒労に終りました。

「きっと芯《しん》にはボール紙が入っているんだ」

「このつい立ての所は……」

　わたしたちは研究室にある段ボールでドールハウスの模型を作ってみたんです。照井さんは試作品作りが本業だし、わたしも危なっかしい手付きでカッターを握り、手伝いました。カタログにあった英語のインチ表示の寸法をもとにしたのですが、出来上がったものは、これまた随分と大きくなってしまった。広げるとお茶の間にどかんと鎮座する大きさです。

『リカちゃんと昭和のファッションドールたち』（中村双葉著・監修、ネコ・パブリッシング）という本を見ると、１９６６年頃売られていた「フランシーハウス」（「フランシー」は「バービー」の従姉妹《いとこ》）が閉じた状態で、横幅47センチ、高さ35センチ、奥行き18・５センチとあります。わたしたちが作ったものも、これと似たようなものでしたから、開くとかなりの大きさになることが分かるでしょう。

大きさの比較

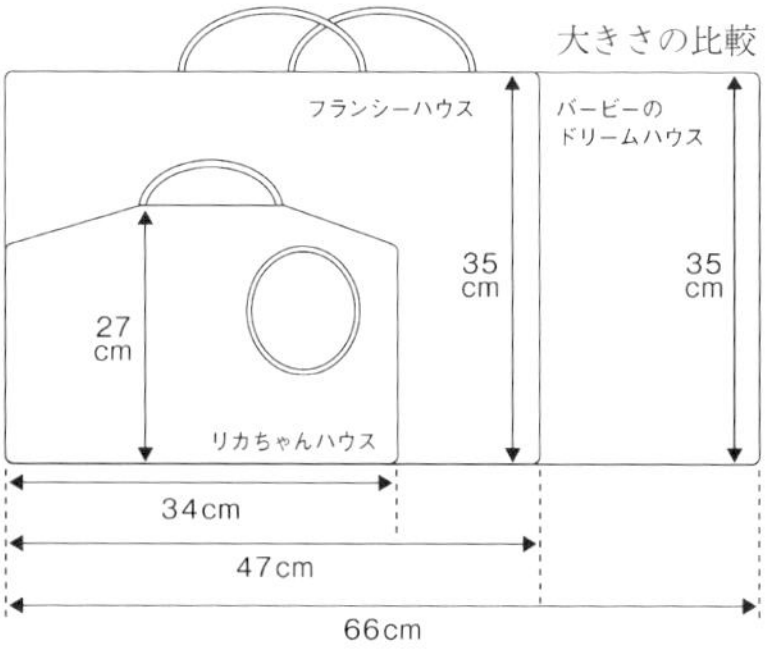

参考資料『リカちゃんと昭和のファッションドールたち』。「リカちゃんハウス」は原物を採寸。

家付き人形を作る

1967年の年が明けてからは、ドールハウスの芯に使うボール紙を探して、紙問屋を訪ね回る日々が始まりました。毎朝8時の朝礼が終ると、すぐに社長と打合せ、その後は暗くなるまで外回り、帰ってもまた打合せ、ということがしょっちゅうでした。

昔のタカラの社屋は、門をくぐるとすぐ左手に木造2階建ての事務所がありました。ビニール玩具を作る工場は、さらにその奥の棟です。わたしたちがいた研究室は事務所の2階で、階段を上がってすぐの所。入り口の一番そばにわたしの机があって、照井さんはその隣り。研究室の奥にはビニール加工用のウェルダーマシンが2台あり、浮き輪や空気入れ人形に絵を描いたり、色づけしたりする社員が何人かいました。工場のラインに出す前の試作品を、そこで作っていたのです。

研究室の向かいは社長室兼応接室です。社長は前を通ると必ず覗《のぞ》いていって、そのたびに、「あれ、どうした？」「進んでいるか？」と訊《き》いてきました。いくらせっつかれても、一向にドールハウスの試作が進まず、社長から雷《かみなり》が落ちたこ

当時のタカラの社屋

ともあります。なにしろ、ビニール屋がこれまで扱ったことのない紙を使って作るので、材料さがしや試算出しが大変でした。

結局、ドールハウスの試作品ができたのは、1月18日、社長が討ち入り宣言をしてから、1カ月は過ぎた頃です。

1月24日。社長はわたしと照井さんを呼び、突然、語り始めました。

やはり「バービー」や「タミー」のドールハウスでは、日本の女の子には大きすぎる。そこで、小さいサイズの人形を作り、それにぴったりのハウスを付けて、一緒に売り出してはどうだろうか。

「家付き人形を作ろう！」

その頃、巷《ちまた》では、結婚するなら「家付き、カー付き、ババァ抜き」という言葉が流行《はや》っていた時代です。人形にその流行《はやり》の家が付くのなら、子どもたちも大喜びするはず。

この時から「リカちゃん」へと続く、人形作りが始まりました。

日本の女の子の人形

1967年といえば、前年に売り出された「スカーレットちゃん」が、まんが雑誌やテレビコマーシャルに宣伝の力を入れて売り上げを伸ばしていた頃です。「バービー」、「タミー」と交えてファッションドール市場の競争はまさに激化していました。昔の新聞記事で「リカちゃんは四番手で登場」と書かれたことがありますが、本当は五番手だったのです。名古屋の大池玩具（現㈱オオイケ）が「パピーちゃん」という人形を売り出して、そこそこに人気を得ていましたから。二番煎《せん》じだって大変なのに、五番煎じですからね。

「他の人形と、どう差別化を図ろうか？」

社長とわたしと照井さんは、家付き人形をどんなものにするか、必死になって考えていました。その頃着せ替え人形で遊んでいたのは小学校高学年の女の子たちです。その子たちが夢中になっていたものといえば、少女まんがにウルトラマン。

「子どもの頃はなにが流行《はや》っていましたか？」と、その年代の女性に会うたびに訊いていると、「まんがで、今村洋子先生の『チャコちゃんの日記』というお話があって、主人公がおしゃまで、おしゃれのことがたくさん書いてあって好きでした」、「金食い怪獣のカネゴンも人気だったし、トッポジージョが出始めたばかりでかわいかった」、「『ウルトラマン』とか『巨人の星』とか、女の子でもテレビで見てました。次の日はクラス中、その話で持ち切りになるから。あと『おはなはん』（NHK連続テレビ小説）は、家族中が楽しみにしていました」、「歌手のピンキラ（ピンキーとキラーズ）の振り付けを真似《まね》て、みんなで歌っていました」と、みな口々に、詳しく話してくれます。

当時のことに話を戻しますと、わたしたちは手はじめに、少女たちが貪《むさぼ》り読んでいた「りぼん」、「週刊マーガレット」（以上集英社）、「なかよし」（講談社）などの少女まんが雑誌を端から読んでいきました。「りぼん」で描かれていた牧美也子《みやこ》先生の絵が抜群に美しく、洗練された雰囲気や繊細な絵柄がとても印象的でした。横山光輝《みつてる》先生や赤塚不二夫《ふじお》先生など、男性の漫画家も多くいましたが、女性の漫画家は繊細さが違いました。わたなべまさこ先生の絵もフランス人形みたいで可愛《かわい》らしかったし、水野英子《ひでこ》先生も華麗でダイナミックなタッチがよかった。

少女まんが雑誌は'50年代半ばに相次いで創刊されていましたが、ストーリーはどれも、お涙頂戴《ちょうだい》ものでね。ヒロインは家が貧乏だったり、父親が不慮の事故で死んでしまったり。「まんがを読んでいる女の子たちが、身近に感じてくれる人形がいいね」

気に入った顔の絵があると雑誌からびりびり破いて、何枚も机の上に拡《ひろ》げては、照井さんと話し合ったものです。

「バービー」が持つ気品や「タミー」の洋風な愛らしさとは違う、抱き人形やミルク飲み人形とも違う、日本の女の子にぴったりの人形。日本の女の子たちが、迷わず友達にしてくれるような人形。

少女まんがを眺めていると、そこには女の子たちが触れている空気、言葉で表すのは難しいのですが、肌で感じる少女特有の感慨や好奇心で溢《あふ》れていました。ですから、「これだ、この少女まんがの世界を立体化したらどうだろう」という考えがすぐに湧いてきました。

顔かたちを真似た薄っぺらなものではなく、少女文化そのものとしての〝少女まんが〟の世界を、新しい人形の中に詰め込みたかったのです。初代の「リカちゃん」はよく、少女まんがから飛び出してきたようだ、と言われます。それは正しいのですが、わたしたちは少女まんがのヒロインのようなルックスだけでなく、その内面も少女まんがのエッセンスで満たしていきたかったのです。

それまでの人形の常識を知らなかった分、子どもと同じ目線で自由に考えることができたのかもしれません。また、等身大の少女趣味というオリジナリティを出せば、他の人形の中に置かれても、埋もれるはずがない、女の子たちは絶対に手に取ってくれるはずだ、との確信も、この時から持つようになりました。

1月30日。社長、上司の中沢さん、そしてわたしの3人のミーティングの席で、初めて「リカちゃん」の骨格が姿を現しました。

人形は12才位の顔にする
1・「スキッパー」（小島注、「バービー」の妹）のリアルさを必要とする
2・まんがの絵をとり入れる
3・（即ち、ポーズ人形の感じ）
4・8インチ（同、約20センチ）とする（略）

（同日の「開発ノート」）


少女たちが大好きなものを形にする。

今思うと、こんな当たり前のことが、当時のファッションドール業界では独創的で新しい発想だったのです。

そして少女まんがのような人形を作るにあたって、わたしが大きな影響を受けたのは牧美也子先生の描く可憐《かれん》で儚《はかな》げなヒロインでした。わたしは牧先生の大ファンになっており、とくに先生の描く愁《うれ》いのあるヒロインに一番惹《ひ》かれていました。初代の「リカちゃん」は牧先生に大変お世話になるのですが、そのことは後でじっくりと書くことにいたします。

リカちゃんトリオの アルバム

ちょっとわらって

いづみちゃん　なにおこってんの？

たのしい散歩

いじわるね　わたるくん

お似あいでしょ！

霞ガ関ビル前にて

（「リカちゃんトリオ」ブックレット中頁）

おもちゃの町、葛飾

タカラがあった葛飾区は大正時代からセルロイド工場が立ち並ぶ、玩具産業の一大中心地でした。のちにタカラが合併するトミーも葛飾区立石《たていし》の生まれです。高度経済成長の時代とはいえ、当時タカラがあった辺りは、田畑や住宅地に囲まれて、のんびりとした田園風景がまだ多く残っていました。

その頃、いや今でも葛飾やその周辺では、普通の住宅の間に、鉄工所やプレス屋、メッキ屋などが点在しています。昔は狭い路地を歩くと、プレス機のかちゃん、かちゃんと動く音が聞こえてきたものでした。オイルの臭《にお》いがあたりに充満し、どぶには色とりどりの廃液が混ざり合う。どこが何を作っているという区別はなく、材料屋がいる、断裁屋がいる、プレス屋、金型屋。この辺り全体がいわばひとつの加工工場でした。だから横のつながりは密《みつ》で、「お宅でこういうのやってる?」と知り合いに電話一本かければ、「うちでは無理だけど、○○さんならできるよ」と教えてもらえたものです。

わたしが生まれ育ったのも同じ葛飾の地、寅さんが産湯《うぶゆ》をつかった柴又帝釈天《たいしゃくてん》のすぐそばの高砂《たかさご》です。会社にも近く、当時はよく、徒歩や自転車で通ったものです。

実家は染物屋を営んでおり、江戸友禅の捺染《なっせん》という技法で風呂敷《ふろしき》を染めていました。家の横の作業場では職人が10人、下仕事の人が10人働いていましたが、全てが手作業なので大変なんです。よくお袋が、「仕事は段取りが大事だよ」と言っていましたが、両親は朝早く起きて、親父《おやじ》が染料の配合をする、それにお袋が糊《のり》を混ぜて大きな棒で掻《か》き混ぜておく。そうすれば、職人さんたちが来たら、すぐに仕事に取り掛かれますから。

いつだったか、わたしがまだ子どもの頃、日本で初めてミスユニバースに入賞した伊東《いとう》絹子さんの写真を見たら、うちで染めた風呂敷をマフラー代りに巻いていました。歌舞伎の連獅子《れんじし》の柄で、すごく恰好《かっこう》がよくて、日本橋三越の呉服売り場に置いてもらっていたから、目に留《と》めてくれたんですかね。

わたしは1963（昭和38）年に立教大学経済学部を卒業し、当時はまだ「タカラビニール」の名称だったタカラに入社しました。10歳上の実姉が佐藤社長に嫁《とつ》いでいた縁もあって、誘われたのです。仕事は工場のライン監督や内職先を回って部材を回収するといったものでしたが、両親の仕事ぶりを間近に見て育ったので、現場仕事にもまったく抵抗はありませんでした。それに、高校時代からよく、「やっちゃん、手伝いにこない？」と言われて、タカラの工場で集団就職の女の子たちに混じってアルバイトをしていました。

わたしが大学4年の時に、父は病気で亡くなりましたので、染物屋は廃業しました。家を継ぐことはなくなった。しかし、心のどこかに、親父みたいにものを生み出す仕事をしてみたい、という気持ちがあったのかもしれません。大学時代の友人が、一流企業に職を決めても、タカラビニールで働くことに、なんの迷いもありませんでした。

親父は、だいの大人が紙袋を抱えるようになっちゃ、風呂敷屋はおしまいだ、なんて言っていましたが、根っからの仕事人です。小学校の頃、「おい、デパートに連れてくよ」と言われて付いていくと、日本橋三越の呉服売り場でした。その隅《すみ》っこに風呂敷が置いてあって、今思うと自分の目でうちの商品の置かれ方や、よその仕上がり具合をチェックしていたのでしょう。商売をしていて忙しかったので、親父の記憶はそれぐらいしかないんです。あとは仕事をしている後姿だけでした。

日本でトップレベルの職人

家付き人形のイメージが固まると、わたしは社長と連れ立って、葛飾区四《よ》つ木《ぎ》の上条金属加工（現㈱カミジョー）へ向かいました。人形の原形をお願いするためです。

簡単に人形作りの工程を説明しますと、最初に粘土でヘッド（顔と頭）の原形を作ったら、石膏《せっこう》（現在ではシリコン等）で型を取る作業を経て、金型を起こします。次は工場で、大量生産の開始。まず金型に原材料のプラスチック（塩化ビニール）を流し込んで成形し、出来上がった顔に、瞳や唇などを色づけ（彩色）していきます。専用のミシンで植毛し、

Licca (1st) Body & Face

一番初め　[Body] へそつき
[Face] やさしい印象

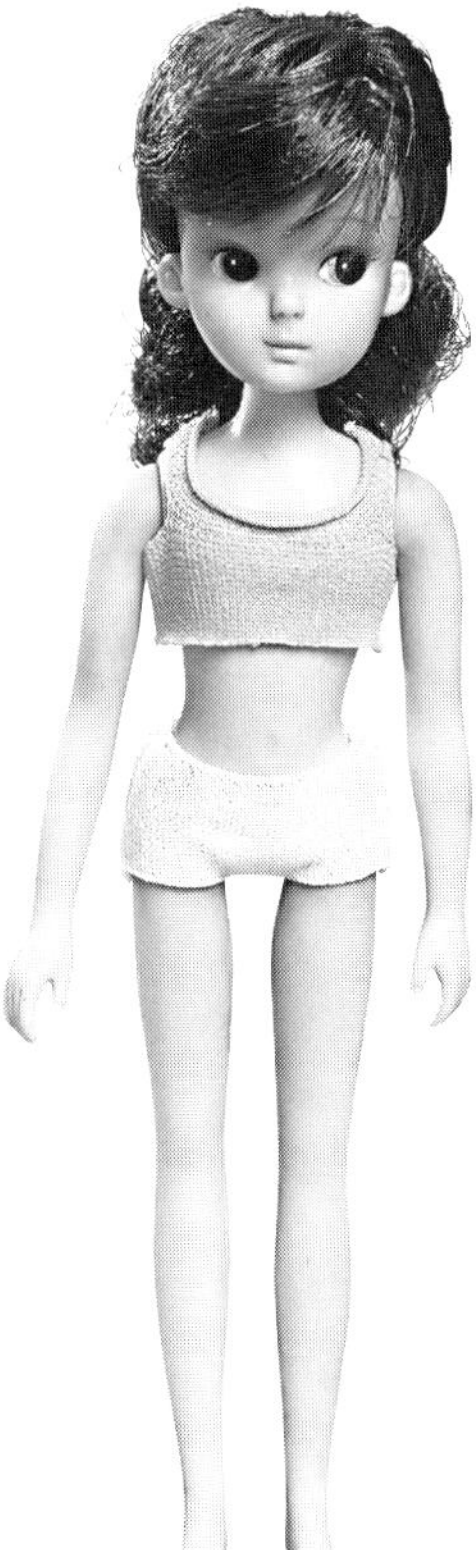

それ以後　[Body] 腰が回る
[Face] チャーミングな印象

初代「リカちゃん」は、顔も体も数回、変化している。顔はおしゃれな服が似合うように大人っぽく、ボディーは色々なポーズを付けて遊べるように、胴を腰で分離し回るように変えられている。現在、福島県小野町にある オープンファクトリー「リカちゃんキャッスル」では、「リカちゃん」人形の製造風景を見学することができる。

髪をきれいにセットすれば人形の顔の出来上がり。同じように成形した手脚や胴と合体させ、仕上げにドレスを着せて人形の完成です。その後は検品が済んだものから箱詰めをして、出荷していきます。

上条さんは当時、職人が十人前後はいた工房で、人形の原形作りでは都内でも指折りの会社でした。

「こんなイメージの人形を作りたいのですが」

あいさつも早々に、わたしは少女まんがのヒロインの切り抜きを、何枚も取り出して説明しました。本来、人形の原形をお願いする時は、正面、横、上から見た3面図を持っていくのが常識なんです。そんなことも知らずに、イラストだけ抱えていったのですから、わたしたちがどれだけ素人《しろうと》だったか分かるでしょう。ただ、細かい設計図がなかった分、原形師さんが存分にイマジネーションを拡げて、腕を振るってくれました。

依頼して十日程で、原形の試作が出来上がってきましたが、この時の原形に大きな直しを加えることなく、初代「リカちゃん」の、可憐な顔が生まれたのですから。ただ、当時のわたしにしてみれば、生まれて初めて見る原形の粘土は、真っ黒に近いねずみ色をした丸いもので、それに目と鼻らしきものが付いている、という印象だけでした。

次に金型をおこして人形を作ってくれる製造メーカーを探しました。当時、人形のボディーは手脚が塩化ビニール、胴がポリエチレンで、タカラが扱っていたビニール玩具用のものとは、使用する材料も機械も違います。それに発売に向けて大量生産をするには、ある程度、大きな生産ラインを持っている会社でないと無理なのです。その点も上条の社長が「製造は技術力からいっても柴製作所がいいですよ」と勧めてくれました。

江戸川区本一色《ほんいっしき》の柴製作所（現㈱シバ）は、国産初のミルク飲み人形の開発に携わったソフトビニール人形製造のパイオニアです。当時は、日本向けの「タミー」人形を委託生産で作っていましたので、これから人形を作って売ろうというタカラにとっては、敵の懐にもぐりこむようなものでした。

　突然、駆け込んだわたしたちの依頼を、柴製作所も快く引き受けてくれました。当時、主に対応してくださったのは、後に二代目社長になられる柴四郎さんと、当時の常務の吉原さんです。吉原さんは、原形の粘土とまんがの切り抜きを見比べ、「80％は意向が取り入れられている。大体イメージどおりに仕上がっていますね」と褒《ほ》めてくれました。わたしは横でやり取りを聞きながら、「人形作りのプロが見ると、真っ黒い原形でも良《よ》し悪《あ》しが分かるんだな」と感心したことを憶えています。

　それから、実際に人形になった時には原形よりも半インチ縮まるということや、人形とドレスのコストはどれくらいになるのかなど、その場で細かく教えてくれて、わたしはそれをせっせとメモしました。

打合せの際、それでどれぐらい作りましょうか、という話になった時にわたしが、「3万ダース（36万個）は売ってみせます」と答えたら、先方は、「ふくらまし屋さんが本当にやれるの」と笑ってらしたのが懐《なつ》かしい思い出です。いいですよ、引き受けたからにはやりましょう、と言ってくれましたが、本気にはしていなかったでしょうね。

みかん色の唇

柴製作所の工場で、まっさらなヘッドを作ってもらうと、次は試作で顔の彩色を行います。わたしは柴さんの彩色責任者である長島さんに、「人形の唇はみかん色にしてください」とお願いしました。その頃、人形の唇にはローズピンクや明るめのピンクが使われることが多かったのですが、わたしはオレンジの色そのものが、とてもきれいだと感じていたのです。

試作の彩色を行う時は、できるだけ自然光の下で行い、立ち会って、その場で細かなやり取りをします。長島さんは、「もう少し、やさしい口もとにしてください」とか、「瞳をもっと印象的に」とか、時には「もっとパンチのある顔にしてください」というような注文でも、こちらの求めていることを、そのまま人形に写しだしてくれました。

理由は知りませんが、なぜか昔から人形の目は、左右どちらかを向いていることが多いのです。わたしもそれに倣《なら》って、「目は正面でなく、左右どちらかを向かせてください」とお願いしました。ですから「リカちゃん」は視線が向かって右側を向いています。これに対して「リカちゃん」のお友達の「いづみちゃん」では視線を正面に合わせてみました。澄んだブルーの瞳で前を見つめる「いづみちゃん」は、上品で清純で、媚《こ》びない正統派の美しさがある。正面は正面で、よいものでした。

人形は顔が命だと言われます。初代「リカちゃん」の愛らしいけれど、どこか愁《うれ》いを帯びた独特な顔──それを写し出すことができたのは、上条さんの原形師と柴製作所の長島さんという、当時のソフトビニール人形業界でも屈指の腕を持った職人さんの力によるものです。このお二人との出会いは、「リカちゃん」が引き当てた幸運の中でも、とても貴重なものでした。「リカちゃん」の開発ばなしをすると、「リカちゃん」は幸運ですね、とんとん拍子で生まれてきたんですね、と言われることがあります。でもそれは、腕の良い職人さんに行き当たったからであるし、なにより上条さんや柴さんが、当時はまだビニール屋であったタカラと仕事をしてくれたからであるのです。そうでなければ、わたしたちは途中で頓挫《とんざ》して、人形を発売できなかったかもしれない。今思うと本当にそうでした。

ああ、原形が…⁉

たしか、金型を起こす直前のことです。わたしは上条さんで最終ＯＫが出た原形の粘土を社に持ち帰り、深夜誰もいない研究室で、手に取ってそっと眺めていました。

顔に近づけて見ても、まだこれがどうなるのか分かりません。

……コトン……

あっと思った時には遅く、原形が乾いた音を立てて、机の上に転がっていきました。

粘土は乾燥しているから、かなり固い。あわてて拾い上げ、じっくり観察するとわたしから見て左側の鼻が少しへこんでいます。

正直に白状すると、その時は「やってしまった、どうしよう」と慌てはしませんでした。人形になった時に、どんな風になるのかまったく分からなかったのです。「これくらいなら、大丈夫だろう」当時のわたしは安易に考えて、そのまま柴さんに渡してしまいました。

今だったら、悔やんですぐに直します。もし部下が同じミスをしたら、「頭を下げて、直してもらいなさい。原形で直さないと金型になったら手を加えられないよ」――ぐらいは言ったかもしれません。

結局、出来上がった人形の顔は、向かって左の小鼻がへこみ、鼻筋が右にすこし押しつぶされたものでした。初代「リカちゃん」の多くはこれで通してしまいましたから、じっくり見ればみなさんにも分かるでしょう。

しかし柴製作所の長島さんは、粘土の原形を見て「これは、いい顔してますね」と褒めてくれました。その時は、どんな意味なのか分からなかったけれど、20年ほど経《た》ってから、ふと思い当たりました。あれは鼻がちょっと押された分、顔が非対称になって、より人間らしくなったということではないか、と。初代の「リカちゃん」の顔は整ったなかに、どことなく間のぬけた愛嬌《あいきょう》があるでしょう。見方によっては、どこかとぼけているというか。これは当事者の勝手な思い込みかもしれません。

人形の試作といえば、こんなこともありました。柴さんの本社では「タミー」を作っていましたから、試作の打合せで足をはこぶ時も、日本で「タミー」を販売していた三栄貿易の担当者に出くわさないように、隠れ隠れで行っていました。わたしも江戸っ子です。やっぱり道義上、気になるじゃないですか、そういうことは。まず伺うと、事務所には寄らないで直接、長島さんのところに行く。お茶を持ってきてくれた事務員さんに、「誰か、お客さんきてる？」と訊いて、誰もいなければ事務所に行く。駐車場に三栄貿易の社用車があると、そのまま帰っちゃう。柴さんに迷惑はかけられないし、新参者《しんざんもの》として気だけは遣っていたのです。

これは男子の場合髪の短かさの為、植毛だけではもれないのがあり、フロッキーでやらねばならない場合を考えて A、B とも依頼した。

3/9 A.M. エンゼル産業 → 紫製作所 → エンゼル産業

人形胴体　人形彩色出来上る

① 3点 髪形 彩色とも異ったものが出来た
② 狙った一応の線は出ていると思う

この顔を決定するにあたっての注意点

① 目の彩色　青、茶、グリーン
　マユの形
　唇の形
② マツ毛の長さ
③ 二重か一重か（二重の場合 マツ毛が段となり きれなくなる）
④ マユと目の間隔
⑤ 肌の色

○ 山田屋にて 人形のドレス3点購入し 着せて感じをみる
○ P.M 4.00
社長、中沢、小島、研究部 木村 照井 岡の 長田.
① 人形は従来にない 当初の目的をかなえている
② 部屋の彩色もきつくない
③ 発泡の三点セットも合格

「リカちゃん」と「ドリームハウス」の開発ノート

〔左頁中央〕のイラストより、試作の「ドリームハウス」には屋根が付いていたことがわかる（'67年3月8日付）。

〔右頁中央〕3月9日付の欄には、女の子の人形の試作品が3点出来上がったことが記されている。

〔左頁下〕その前日には、すでにボーイフレンドの試作品を依頼していた。

（種類）

当社の企画予想最大の箱で試作依頼する。

（但し P.M 12.00 〆切りまでにいただけの参考意見を列挙）

現在これでテストした所

割れている。これをボール紙に打ち込む

十字型に広がる。

① ボール紙がとび出し ビニールにシワを出す

② 中割れである故 メッキが出来ず ビニールの材料質の影響もあり サビがつく。

③ みた目が悪い　以上3点が欠点である

◎ ドリームハウス試作依頼（依版もの）

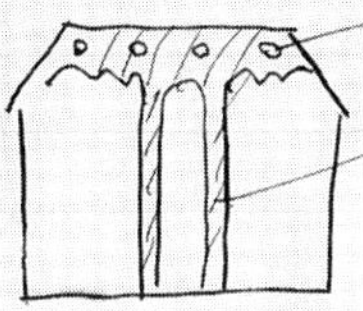

カシメの裏側が当初→方の飾りがあったが、これをとったため、屋根の上側りに一部修整した。

P.M. 3.00　ツクダ オリジナル見本会に行く

問題の洋服ダンスは 白色でスチロール製。売価800.-

その他 11/2に合った コップ スプーンなど 食卓セット 900－

当社のドリームハウスとは 全く違う

アイデアルで出しているものと同じ考えてよい

P.M 6.00 上条金型に ボイフレンドの頭を手配（ロー型 成石膏型）2点

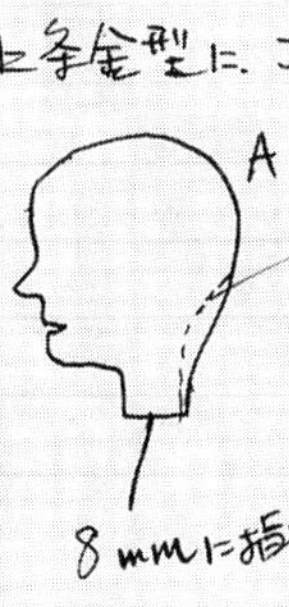

男の子は後のハエギワが髪の毛がないので この点を修整し Aの図とB図の様に型自体に髪の感じを出す。

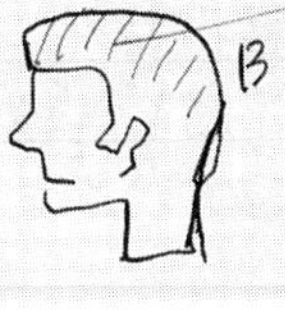

試作の人形ができた

3月7日、柴製作所から顔の彩色が出来上がったと連絡が入り、わたしと佐藤社長は、いそいそと出かけていきました。差し出された顔を見ると、みかん色の唇が新鮮できれいで、長島さんも「よい仕上がりです」と太鼓判を押してくれました。

「非常に美人だ。それにすっきりしている」

「日本人的な感じが、出ているじゃないか」

ボディーの仕上がりを待ち2日後の3月9日、いよいよ顔と体が合体した、人形の試作品が完成しました。

真っ裸のお人形は華奢で細く、どことなく頼りないぐらいでした。わたしはその足で、上野赤札堂にあった山田屋さんというおもちゃ屋へ行き、ドレスを買って出来上がったばかりの人形に着せてみました。

これだ。こんな可愛らしいお人形なら、高学年の女の子たちにぴったりだ。大人すぎず子どもすぎず、女の子がかわいいと思うチャーミングな見た目。脚は細くてスタイルがいい。

社長以下、わたしや照井さん以外にも多くの社員が集まって、人形を眺めました。

「こんな人形、よそにはないね」

「かわいいじゃないか、当初の目的をかなえている」

この時に出来上がった試作品は、実際に売り出された初代の「リカちゃん」とまったく同じ。要は、一発ＯＫだったのです。わたしたちはみな、出来栄《できば》えに満足して、どんどん空想が膨《ふく》らんでいきました。３月９日のノートに、わたしは次のように記しています。

（「リカちゃんトリオ」ブックレット中頁）

（前略）会談の中、①ストーリー人形（小島注、という提案が出る）

少女小説の哀《あわ》れな主人公に焦点を合せ、例えば、父親はヨーロッパ人で故国に帰り、貧しい少女で母は病気。／その少女がピアノにすぐれ、時には父を想い、彼女を力づけてくれるボーイフレンドとの友情のシーンを台紙に表わしブリスター（同、ビニール等で商品を包むパッケージ法）でまとめ、物語りをその中に入れる。

「リカちゃん」のプロフィールの原型が生まれたのです。その頃、男の子には怪獣が大人気で、「マッハ5の速度で飛ぶ」「30メートルの火を噴《ふ》く」といった情報が子どもたちを虜《とりこ》にしていました。だからお人形にも詳しいプロフィールが付いたら、女の子たちが喜ぶのではないかと考えたのです。多少変りはしましたが、「ヨーロッパ人で故国（後刻、フランスということになる）に帰ってしまった父」「彼女を力づけてくれるボーイフレンド」などは、この時出たものが、そのまま生かされています。

この日、出来上がった試作の顔は、髪と瞳の色が異なる3種類がありました。髪は黒、金髪、栗色。瞳（白目と黒目の間）は青、茶、グリーン。結局、栗色の髪と青い瞳が選ばれました。髪は黒だと色がきつすぎて浮いてしまうし、それに黒髪の人形は売れない、というジンクスがありました。金髪は当時ではまだ斬新《ざんしん》すぎます。瞳は青が一番鮮明で、しっくりきたのです。

この後、試作のドレスが出来上がった時、わたしは嬉《うれ》しくてお人形を一体、家に持ち帰ったことがあります。当時はそこまで「リカちゃん」にのめり込んでいました。ずっとあとになってからですが、社長も家に「リカちゃん」を持ち帰り、「抱いてねたよ」とあの頃のことを自慢げに話してくれたことを、よく憶えています。

社長とわたし

人形のほうは〝餅《もち》は餅屋〟の手をかりて、なんとか動きだしていました。問題は「ドリームハウス」です。

「どうだ、ハウスは進んでいるか？」

社長は毎朝、出社するとすぐに研究室を覗いて、わたしと照井さんにそう訊いてきました。そして、「ベッドがないじゃないか」「洋服ダンスも入れろ」「すぐにやれ」と矢継ぎ早に指示を出すのです。夜11時まで一緒にいたのだから、朝一番に言われても出来ているはずがない。次々にアイデアを出されても、こっちはまだ前のことをやっていて、時には社長の指示どおりのものを入れると、今度はコストが高くつく。

「ダメじゃないか！　高すぎる」社長に怒られるたびに、「言うとおりにやったのに……」と不満が募りました。

その反動で、時間ができるとよく学生時代の友人を呼び出して飲みにいったなあ。その頃はまだ、駆け出しの弁護士だった無二の親友、小林清巳《きよみ》。寝ても醒《さ》めても仕事のことで頭がいっぱいだったから、会社の人と酒を飲んでも息抜きにならなかったのです。

「小林、社会ってもんは、そんなに甘くないんだよ」と愚痴《ぐち》を言って、ばか話をして、憂《う》さを晴らしていました。

それでも、何度も怒られているうちに、社長が言いたかったことが、少しずつ分かってきました。今のままでは、「主体性に欠ける」のです。社長はわたしが考え抜いた球を投げてくるのを待って、いらいらしていたのでしょう。簡単なことですが、それに気付いただけでも〈モヤモヤの感じは取れ、考えはスッキリした〉（2月24日付ノート）と当時は、こんなことまで開発ノートに綴っていました。

女の子のドリームハウス

人形の試作で柴製作所に通うようになってから、わたしが人形を、照井さんがハウスを担当することになりました。柴製作所は最寄り駅が総武《そうぶ》線の新小岩《しんこいわ》駅で、タカラから京成《けいせい》線で行くと遠回りになって不便なのです。それが車だと20分くらいで着くので、車の運転ができるわたしが人形担当になりました。もし運転ができなかったら「リカちゃん」の〝育ての親〟には、なれなかったかもしれない。そう思うと不思議な縁です。

担当は分かれたとはいえ、専任を決めただけで、あとは何でも協力し合いました。

「ドリームハウス」を作る最初の段階から、社長を交え、わたしたちはハウスの特徴を

〈①訪問　②お遊び　③おかたづけ〉（1月31日付ノート）と絞《しぼ》っていました。①は、子どもがお友達の家に持っていけるようにキャリング（持ち運び可能）であること、②は、遊びがすぐその場でできること、という意味です。

ですから、狙いをそのまま反映して、人形と一緒に発売された「リカちゃんドリームハウス」のうたい文句は、〈パット　かわるふしぎなおへや　パット　ひらいてお遊びしましょう　パット　しまってご訪問〉となっています。

当時の子どもたちは家から飛び出して、どんな所でも遊び場にしていました。男の子たちは外を駆け回り、女の子は長屋の前の道端や団地の階段の踊り場に集まって、近所のお姉さんや友達と、おはじきをしたりお人形遊びをしたり、道具がない時は、かくれんぼうや髪の毛いじりに興じる。だから、どこにでも持ち歩けることが大前提でした。

そして、「家付き人形」にする、という方針が決まった時から、わたしたちは作るからには、今までにない夢がたくさん詰まったハウスにしようと決めていました。

まだ日本人の多くが、戦後から脱しきれていないような家に住んでいた時代です。玄関を入ると三和土《たたき》がちょっとだけあって、日に焼けたぶよぶよの畳の上に無理やり絨毯《じゅうたん》を敷いて誤魔化《ごまか》している。その上にあり合わせの椅子や机を置いて応接間にしている家が、よくあったのです。

「女の子のドリームハウスってなんだろう」

わたしと照井さんは、ふたたび少女まんがを見ながら考えました。

大人が好むようなモダンな洋風とは違って、女の子たちは宮殿とかお城とか、メルヘン調が好きなようだ。〈ふわふわのソファーとテーブル〉〈身繕《みづくろ》いをするドレッサーの鏡〉〈ひらひらのレースのカーテン〉、この三つ、〝女の子の三種の神器〟は外せない、というのがわたしたちの出した結論です。

照井さん渾身のハウス

ただ、「ドリームハウス」に付いていた、ふわふわのソファーとテーブルの応接セット、これには苦労させられました。おもちゃの家具を扱っている会社を探し歩いても、大きさと値段で折り合いのつくものが見つからなかったのです。金型を起こして一から家具を作ることはできるけれど、とてもコストが高くつく。「家付き人形」でハウスと人形をセットで売ろうと考えていたので、ハウスはとにかく安く仕上げるのが最重要課題でした。

「ソファーとテーブルを作るのに、発泡スチロールを使ったらどうだろう」

ある日突然、照井さんが言い出しました。すぐに伝手《つて》を頼って二人で足立区の上村製作所を訪ねました。狭い作業場に社長と職人の二人がいるだけで、大きな釜《かま》でドロドロした

試作のキャリングケース（写真 著者所蔵）

液体を掻き混ぜていました。昔の発泡スチロールは割れやすく、時間が経つと表面が粉っぽくなる粗悪品が多かった。だから、それまでは人形のソファーに使えるとは思ってもいなかったのです。

発泡スチロールなら木型ですむので、とても安上がりです。すぐに試作してもらい、出来上がったものを緑の布で包むと、軽くて本物のソファーのような柔らかい感じに仕上がりました。人形の洋服に使う一番安いレースをその縁に貼ると、高級感も出てきます。

もうひとつ、「ドリームハウス」で工夫したのは、背景にあるだまし絵です。「ドリームハウス」を開けると、後ろにヨーロッパの宮殿が広がっていたのを憶えていますか？

かばんを開けて、ただのお家《うち》じゃ、つまらない。宮殿や噴水のあるロマンチックな雰囲気を出すために、舞台の書割のようなだまし絵を入れることにしました。これは、場面が3種類あって、紙芝居のように差し替えられる。今日はお城、今日はアルプスの別荘、今日は白いドレッサーで髪をとかしましょう、って。

照井さんは、以前は舞台美術を作っていただけあって、だまし絵にはこだわりました。たとえそこに宮殿なんてないとしても、ヨーロッパのロココ調にするのであれば、階段は曲線の優雅なカーブを描かないといけない、遠くの欄干《らんかん》にだって蔓草《つるくさ》や貝殻の模様を、しっかりと刻まなければいけない。なにより遠近法で正確に写しださなければ、だましの世界が成立しない——と、言うのです。

凝《こ》り性な分、なにしろ時間がかかる。それでわたしが、「子どもたちは、そこまで気にしないよ」と文句を言うと、普段は寡黙な照井さんが、朴訥《ぼくとつ》と語りだすのです。でもあの赤い階段と大きなシャンデリアのある絵を見て、女の子たちはため息をついてくれた。今でもその絵を憶えてくれている人が多いのは、照井さんと実際にハウスの製造に携わってくれた近藤株式会社の、渾身《こんしん》の粘りによるものなのです。精神科医の香山リカさんは著書の中で、はじめて「リカちゃんハウス」に出会った時の衝撃を、次のように語っています。

そのリカちゃん人形が誕生したとき、この私はまさに小学一年生でした。幼稚園児向け雑誌の付録についていたぺらぺらの紙製の着せかえ人形や家具や食器ではない、プラスチックでできたリカちゃんやリカちゃんハウスにおもちゃ屋で最初に触れたときの生々しい質感を、私は今でもよく覚えています。このとき、私は市場という社会的現実の中にある質感・量感をもった形態、すなわち商品というものの存在を生まれて初めて体得したといえます。ヘレン・ケラーが流れる水に手を触れて、〝ウォーター！〟と叫んだように、もしもそのときの私にもっと知恵があれば、〝これよ、これが商品よ！〟と声をあげたかもしれません。

（『リカちゃんコンプレックス』香山リカ著、太田出版）

「ドリームハウス」に関しては、本当にたくさん試作品を作りました。試作をする時には最低でも5、6点。社内で簡単に仕上げるものもあれば、特別な技術をもっている試作屋に外注して出来を見ることもありました。そしてそれと同時にコスト計算に入ります。

わたしたちは、本当は、屋根の付いた「ドリーム

左が著者、右が照井さん('71年頃)

「世界画報」昭和47年１月１日号 国際情報社

ハウス」を作りたかったのです。けれど屋根を支えるのには支柱が必要で、それを加えるとコストもかかるし、重くて子どもには持ち運びにくくなる。それでギリギリになって、屋根をやめ、外側が真っ赤なビニールのスーツケースのような形にしました。外側がシンプルな分、ハウスをパッと開けた瞬間、中に隠れていた部屋の印象が強くなり、結果的にはこちらにして正解だったのです。

「リカちゃん」命名

人形の試作品が出来上がっても、肝心の名前はまだ決まっていませんでした。当初は、洋菓子のテレビコマーシャルや「週刊少女フレンド」（講談社）の表紙で活躍していたハーフの少女モデル・タレント、高見エミリーさんに、家付き人形の広告をお願いしようと考えていました。結局、そちらは取りやめになったのですが、社内ではそのまま人形のことを「エミリー」と呼んでいたのです（高見エミリーさんは、後に政治家の鳩山邦夫さんと結婚なさっていますよね）。

わたしたちは、女の子が興味をもってくれるような洒落《しゃれ》た名前で、なおかつ親しみのもてるものを探していました。１９６７（昭和42）年に誕生した女の子の名前で、一番人気が高かったのは「由美子」でした。

「人形の設定がハーフなので、○○子という名前はありえないしなあ。日本人であり外国人みたいな名前はなんだろう」

リカ、ミカ、ユカ、リサ、ユリ、リエ……。

リカ、リサ、リエ……。

リカ、リカ、リカ、リカ！

何度も唱えていると〝リカ〟が一番響きがいい。それに当時はまだ、周りにはいない珍しい名前でした。

リカちゃん、リカちゃん、リーカちゃん♪

響きもリズミカルで、これならテレビコマーシャルにもぴったりです。

「社長、人形の名前ですが、リカはどうでしょう？」社長に告げると、あっけないほどすんなりと決まってしまいました。

開発ノートを見ると、「リカちゃん」の名前が登場したのは4月21日から。そして5月6日頃には、〈リカちゃん（香山リカ）〉とフルネームが付きました。当時の人形で、フルネームを持っていたのは「リカちゃん」ぐらいでしょう。香山は、加山雄三さんの〝カヤマ〟の響きと、女優の香山美子《よしこ》さんの〝香山〟を両方いただいています。

「バービー」の名前は、マテル社の共同創設者のお嬢さんの名前、「バーバラ」にちなん

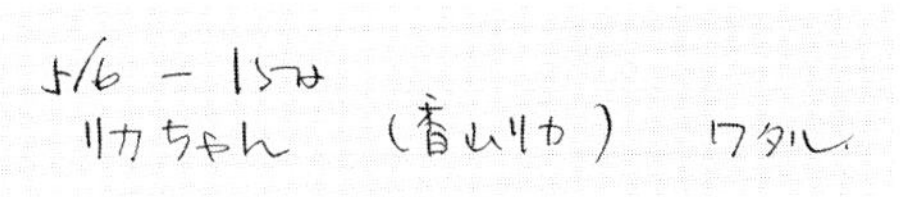

「香山リカ」のフルネームが初めて記された日のノート。「ワタル」の名も。

だものだと聞きますが、佐藤社長にはお嬢さんはいません。ただ、「リカちゃん」の友達の「いづみちゃん」の苗字、〝佐藤〟は社長の姪からきていますし、ボーイフレンドの「わたるくん」は社長が名付け親です。ずっとあとに登場する、「いづみ」ちゃんの妹の「くるみちゃん」は照井さんの命名です。

このお人形、どうかな？

4月に入ってからは、「リカちゃん」と「ドリームハウス」の試作品を持って、色んな人に意見を聞きに出かけました。顔馴染《かおなじ》みの問屋やおもちゃ屋さんには、価格と商品のパッケージはどんなものがいいのか、訊いて回った憶えがあります。

タカラの社屋の隣りには、細い道を一本隔てて中青戸《なかあおと》小学校がありました（今でも同じ場所に小学校はあります）。夏など窓を開けておくと、体育の授業のかけ声や下校時の笑い声、それに混じって「ケロヨ〜ン」とか「びっくりしたなー、もう」などとふざけあう声がよく響いてきたものです。

わたしは、「タカラ」と社名の入ったジャンパーをひっかけると、外に出て、下校する小学校高学年の女の子たちに声をかけました。

「この人形、こんど発売するんだけど、どうかな？」

「わあー、かわいい」

「足、細いのね」

女の子たちは歓声をあげると、争うように手に取って人形を眺めています。不健康だとか、気持ちわるいといった声はあがらず、顔をじっくり見たり手脚を曲げたりと、どの子も興味津々の様子でした。その後、何度も女の子たちに声をかけましたが、みな喜んで調査に協力してくれました。

社長は社長で、同じようなことをやっていました。社長のお宅は3人男の子ばかりだから、長男のクラスメイトの女の子を数人自宅に招いて、持ち帰った「リカちゃん」を見せたそうです。長男は、当時11歳だったので、対象年齢にぴったりです。

「まあ、ちっちゃーい」

「かわいい、死んじゃう！」

〝死んじゃう〟というのは当時流行《はや》っていた言葉で、今で言う「超かわいい」や「やばい、やばくねー」といったものです。子どもたちは、直感で反応してくれたのでしょう。他にも「タミー」や「スカーレットちゃん」、「バービー」と比べたり、顔のかたちを批評したり、と色々と意見を述べてくれたそうです。

次の日、社長から社員全員に向けて、こんな通達がありました。

「今後、新しい企画を立てる時は、即、実際の子どもたちに反響を聞くこと」

牧美也子先生のもとへ

4月19日、ノートには〈牧美也子先生宅訪問〉とあります。
わたしは京成線青砥《あおと》駅から電車を2回乗り継いで西武池袋線の大泉学園《おおいずみがくえん》駅に降り立ちました。記憶では、その日はひどい雨が降っていて、しかしちょうど駅を出た頃には雨もやみかけ、まだ舗装されていない道に水たまりが出来ていました。駅から住所を頼りに歩き、閑静な住宅街の一角にその家を見つけた時は、もう夕方4時を回っていたと思います。「りぼん」の牧先生が連載をなさっていたページの端に、「牧先生にお手紙をさしあげましょう」とご自宅の住所が載っていたのです。事前に電話をしたら断られるかもしれないと考え、アポイントも取らずにいきなり訪ねたのですが、呼び鈴を押すとお弟子さんが出てきて、すぐに応接間にあげてくれました。

初めてお会いした牧先生の第一印象は、先生の絵そのままだ、ということです。とてもやさしげで、雰囲気が先生の描かれるヒロインによく似てらっしゃいました。

その後、社長も交えた会談の中で、佐藤社長はビニール玩具会社からファッションドールの世界へ乗り出そうとしているわたしたちの思いを、熱心に語りました。

日本の女の子の心にアピールした今までにない人形を作りたい、少女まんがの世界から飛び出してきたような日本の女の子に愛される人形を届けたい――社長のそんな言葉を、牧先生は今もよく憶えていてくださるそうです。

わたしたちは、人形を作るはじめの段階で牧先生の作品に大きな影響を受けていました。そして幾つもの助けを得て出来上がったのが「リカちゃん」人形の試作品です。

「これが、わが社で新しく作ったファッションドールです。もしこのお人形を気に入っていただけましたら、ぜひ先生に推薦文をお願いしたいと思いまして」

鞄《かばん》の中からわたしがふたたび試作品の「リカちゃん」人形を取りだすと、社長はその人形を取って牧先生の掌の上にそっと載せました。牧先生はひと目見た瞬間に気に入ってくださっていて、やさしい声で「かわいいわね」とおっしゃいました。そしてご自分の手にすっぽりと収まった人形を、わが子を愛《め》でるような面持ちでじっくりと眺めてくださったのです。わたしたちはそのまま、話を続けました。

＊まんが雑誌に新発売の広告を出す時、牧先生に絵と推薦文を描いてほしい

＊そのあとの広告にも、「牧先生監修」と入れさせてほしい

＊ドレスや髪型のデザイン、セレクトに協力してほしい

牧先生は、今までにない新しい人形を作りたいというわたしたちの思いに共感してくだ

さりました。そして、初対面のわたしたちのお願いを快く承諾してくれたのです。

子どもたちと話しているうちに「リカちゃん」への自信はついていましたが、何しろ競合するお人形が多い中で、女の子たちに「リカちゃん」を手に取ってもらうには、特別な工夫が必要です。牧先生に絵を描いていただいたことは、「リカちゃん」の後ろに少女まんがの世界を連想させる、本当にありがたいものでした。

牧先生には、「ママ」(「リカちゃん」のママ)を作る時、試作の顔の彩色をお願いしたことがあります。慣れない作業に苦労なさっていましたが、先生の描いた「ママ」の顔は、瞳に星が瞬《またた》く精巧なものでした。精巧すぎて、量産用としては生産ができず、結果としてやめざるを得なくなりました。今思い返しても残念です。

お醤油屋さんで「リカちゃん」生まれる

5月後半から、ついに「リカちゃん」の量産にとりかかりました。

とにかく、まずは400ダース、4800個を揃《そろ》えることを目標としました。問屋などを経由して全国のデパートやおもちゃ屋に行渡らせるのに、せめてそれだけないと駄目《だめ》でした。本当はもっと作りたかったのですが、生産体制が追いついていかなかったのです。

柴製作所の東京工場では「タミー」を生産していましたから、「リカちゃん」は千葉県八日市場市《ようかいちば》（現匝瑳市《そうさ》）にある太平醤油株式会社（現タイヘイ㈱）で作ることになりました。

わたしは毎日、片道2時間半かけて青戸から八日市場へ通いました。千葉駅11時16分発の蒸気機関車に乗り、切符は3等。昔は総武本線《そうぶほんせん》や成田線の先から、とれたての野菜や魚を担いで行商にくる女性がたくさんいて、おばちゃんたちは朝早い汽車で都心に向かい昼前には帰るから、よく一緒になったものです。

千葉駅を発車すると汽車は銚子《ちょうし》方面へ走ります。開け放った窓からは一面に田んぼや畠《はたけ》、低い山の稜線が見えて、のんびりとしたものでした。SLなので窓を開けておくと噴煙が入ってくる。ワイシャツの襟元《えりもと》はすすけるし、膝《ひざ》に広げた大学ノートにもうっすらと煤《すす》がつもりました。汽車は決まって12時40分に八日市場に到着。駅前の食堂で昼食をかきこむと、急いで太平醤油に向かいます。

太平醤油は創業明治13（1880）年の老舗の醤油醸造メーカーで、敷地に入ると大きな樽《たる》が転がっていて、時折、作りたての醤油のいい匂いが、辺り一面に漂ってくるのです。当時は事業を拡げて社内に玩具部ができた頃で、そこで柴製作所から仕事を請け負うことになっていました。

正直なところ、はじめは醤油屋さんで人形が作れるのか不安はありました。作業員は割烹着《かっぽう》をつけた地元の奥さんたちです。頬《ほお》や瞳の彩色は、特に馴《な》れが必要なのですが、おばちゃんたちは太い指で一生懸命、彩色や植毛の練習をしてくれました。数週間から1カ月程で、商品に出せる顔が揃うようになった憶えがあります。

顔の彩色では、スプレーで頬を色づけしたり、目や口の部分だけ穴のあいたマスクの上から絵の具を吹きつけたりします。そうすると、みな同じ形の目や口になるのです。瞳の中の星（白い点）は、針の先（縫い針の先を少し削るか折るかしたもの）で塗料をちょんと付ければ完成。はじめは、まつ毛も筆で描き入れていたので、手馴《てな》れた人でないと難しかったのです。その後は、専用ミシンで植毛、パーツの組立て、検品、箱入れとラインが続きます。

ラインが稼働するようになると、わたしはいつも鞄に「キープサンプル」（仕上がり見本）の人形の顔を入れ、工場に着くと、目元がずれていないか、彩色がぼやけていないかチェックしました。要は、お化粧くずれがないか確認するのです。そのキープサンプルは、ラインにも置いておき、誰でも仕上がりを確認できるようにしてありました。

初めて太平さんの工場を訪れた時は、ある種のカルチャーショックを受けたことが、忘れられません。工場では、おばちゃんたちが割烹着に姉《あね》さんかぶりで、ラインの脇に座っていました。当時の工場というのは、集団就職でやってきたあどけない顔の若い女性が寮に入って働くというのが普通で、タカラでもそうでしたし、柴さんの東京工場もそうでし

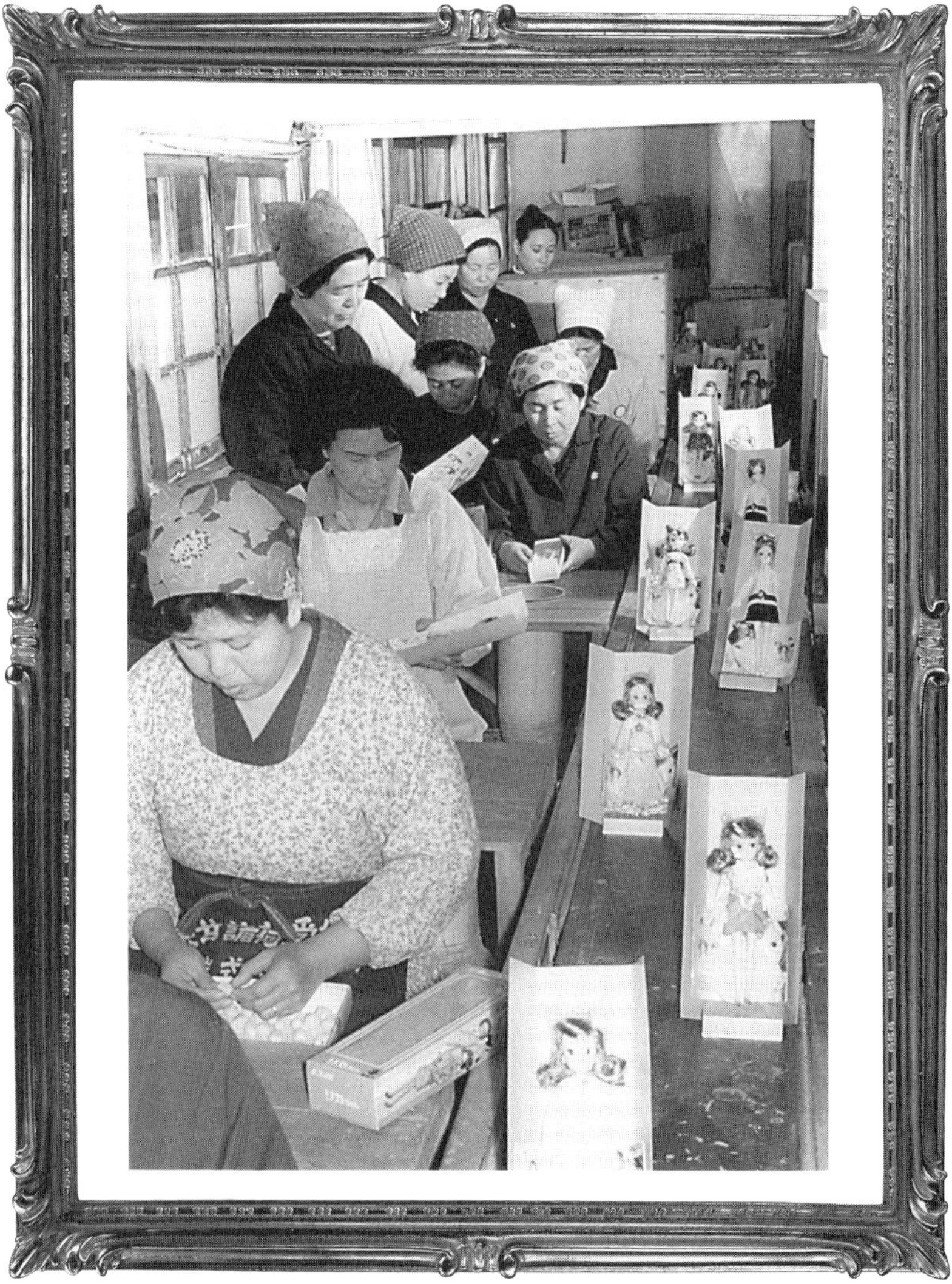

初代「リカちゃん」の製造風景／太平醤油株式会社
（資料提供：タイヘイ株式会社）

た。子どもがいるような奥さんは、家で内職をするのが当時の葛飾あたりでは一般的だったのです。今は中年の女性が工場でパートで働くというのも珍しくないでしょうが、当時、現場監督の経験もあったわたしにとっては、初めて目にする光景でした。

工場では40人程が働いていましたが、ほとんどが近くの農家の奥さんで、400ダース揃えようと、残業もして手伝ってくれました。だからわたしも、駅前でアイスキャンディーを買って差し入れたり、ラインで人手が足りないと聞けば助っ人に入ったり、パーツが足りない時は、他の工場から自分で2トントラックを運転して運んだこともありました。なぜそこまでやるのか？　柴製作所の人にも、訊かれたことがあります。ただ、わたしはそれが仕事だと思っていましたし、実家でお

Memory of Licca 4

ひとつひとつ手作業で

大川茂晴さん（元タイヘイ株式会社社員）

太平醬油株式会社（現タイヘイ株式会社）で「リカちゃん」を作り始めた1967年頃は、ちょうど会社で事業を多角化しようとして人手を集めていた時でした。はじめは、わたしが東京の柴製作所の工場に通い、髪の植毛からカールの巻き方、顔の彩色まで教えてもらったのです。それから従業員や、また内職の人を募集してやり方を教えました。

特にまつ毛は手描きですから、出来る人を探すのが大変でした。書道を教えている奥さんがいたのでお願いすると、これが感覚がぴったり！　目や頬の彩色も難しく、塗料がスプレーの噴出口に詰まると、吹き付けた時にダマになるのですが、頬紅担当の佐久間浅子さんはもう感覚で、きれいに仕上げていました。体のパーツは温めておくと、組立てる時に入れやすくなります。それは大木いね子さんが担当。忙しいと本人でも気付かないうちに彩色のミスなどがでるのですが、小島さんは、すぐにそれを指摘していました。

作業には最後まで気を配り、洋服を着せた時にほつれを見つけると、丁寧に括ってから送り出していました。

当時は目が回る程の忙しさで、「今日は何個できましたか？」と、小島さんに毎日訊かれたものです。内職の方に“一晩で200ダース”を無理して仕上げてもらったり、時には常務の奥さんまでかりだして、「これ、明日の朝までにお願いします」と頼んだこともありました。しかし皆さんが快く協力してくださって、毎回なんとか出荷数を揃えることができた思い出があります。

袋が段取りよく作業をしているのを見ながら育った、ということが影響しているのかもしれません。なにより、ラインが止まって人の手が空いてしまうのが、まどろっこしくて仕方なかったのです。それに現場に行って仕上がりと数を自分の目で確認しないと、結局は分からないじゃないですか。わたしにはお手本にする人がいて、柴製作所の創業者の柴要《かなめ》さんというおじいさんは、工場の中をずっと歩き回っているんです。商品を作ることにとても気を遣っていらした。作る時はたくさんでも、手にするのはひとり1個ですから。

夜中の撮影会

照井さんがハウスで手一杯のようだったので、「英文のほうぐらい俺《おれ》がやるよ」と、ローマ字のロゴのデザインを引き受けました。あの頃はとにかく、わたしと照井さんしかいなかったので、二人で何から何までやるのが当たり前でした。

「リカ」はローマ字でかくと〈ＲＩＫＡ〉だけど、平凡で面白くない。それで、ＲをＬに変えてみました。Ｋだと短いからＣＣに変えたら〈ＬＩＣＣＡ〉どうですか？　このほうが洒落た感じがしませんか。紙に鉛筆で何度も何度も書いて、１時間くらいはかかったでしょうか。出来上がったものを見て照井さんも、「いいんじゃないの」と褒めてくれた。〈ＬＩＣＣＡ〉は外国人が発音すると

「リッカ」になる。シャープな響きがちょうどよいと思いました。

事務所で人形の撮影をしたこともあります。人形の化粧箱を大宮紙器《しき》という箱屋さんにお願いしたのですが、パッケージに印刷する「リカちゃん」の写真を、社員のお兄さんがカメラができるといって撮ってくれたのです。タカラの事務所で外が暗くなるのを待って、暗室代りにし、机の上に人形を載せたら、同じ机の上に椅子を二つ重ねて、カメラマンはそれに立ち真上から人形を撮ります。わたしはその下で必死に椅子を押さえていました。

夜中まで4、5人がかりで撮影をしていると、大宮紙器の当時の専務、大宮昭一《しょういち》さんが差し入れにお鮨《すし》の折り詰めを持ってきてくれました。その頃の鮨といえば高級品で、わたしを含め若いものたちは喜んで食べました。そういう心遣いってありがたいんです。とくに当時は、「リカちゃん」と「ドリームハウス」の発売前で焦《あせ》っていましたから、実際に手を貸してくれて、こんな風に気を遣ってもらうと、心から嬉しかった。

こんな人形売れないよ

わたしたちは「リカちゃん」と「ドリームハウス」をセットで1500円で販売しようと考えていました。しかしそれでは、コスト的に何かを削るしかありません。

そこで女の子たちに、「いくらなら買う?」と訊くと、子どもたちは、「650円」「7

00円」「800円」と答えてくれました。これは30センチの身長の大きい人形とさほど変らない値段です。タカラの営業の男性に意見を訊いた時には、「こんなに小さければ、せいぜい380円だな」と言われていたので、大違いです。

そこで社長にかけあって、家付き人形をやめ、人形とハウスを別売りにすることに決めました。人形は一番安いもので600円、主力商品は750円から、ハウスは980円です。当時、「バービー」の一番高い人形が1500円でしたから、人形とハウスを合わせても、それに対抗できる値段にしたかったのです。とはいっても、その数年前のわたしの初任給が1万2000円の時代でしたから、「リカちゃん」も他の人形も、おもちゃとしてはかなり高価な値段です。

「リカちゃん」と「リカちゃんドリームハウス」の発売を目前にした6月下旬、わたしたちは東京と大阪で、問屋やデパートのおもちゃ売り場の担当者を招いてお披露目会を行いました。商品の発表とともに、ここで受注をとるわけです。

「こりゃまるで、病人のようだ」

「お客様はね、もっとふっくらしたものを好むんだ」

「足が細すぎる。ガリガリじゃないか」

問屋の玄人筋《くろうとすじ》たちは、口々にこの見馴《みな》れない「リカちゃん」に対して、悪評を並べました。社長は「冗談じゃない！」と、その場で血相を変えて怒っていましたが、問屋にしてみれば、人形というのは、丈夫に育ってほしいとの願いが込められた、ふくよかなものが一般的だったのです。

わたしはその会場で、知り合いの問屋さんに肩を叩《たた》かれて、「〇〇デパートのバイヤーさんだよ。説明しなさい」と勧められ、「リカちゃん」を見せて説明をしたんです。これは今までにない人形です。子どもたちへの調査では大変な人気を得ています。ところが返ってきたのは冷たい言葉でした。

「もうバービーやスカーレットちゃんで売り場がいっぱいなんだ。場所がないからいらないよ」

これにはわたしも、カチンときた。

「いらないのなら、結構です」

冷静に返事はしたけれど、内心では「冗談じゃねえや」と怒鳴りかえしたかったですよ。わたしたちには確かな狙いと裏付けがあって、今までにない新しい人形を売り出そうとしている。子どもたちは分かってくれているのに、硬い頭をした大人が、なんでひどいことを言うんだ。

いい人形を作れた、という自負はありましたが、怒りがおさまるにつれて、じわじわと不安が膨らんできました。売れなかったら、心配だ——。
でも、今から思い返すとね、その時の不安は薄っぺらな不安だったのです。全部が初めての経験で、本当の不安の意味も知らなかったのですから。今なら五番手で飛び込んでいく怖さとか、ブランドイメージを壊さないだろうかとか、考えることが多すぎて、大変なプレッシャーを感じていたと思います。当時のことを思い返すと、「若かったからできた」というのが正直な気持ちで、向こう見ずに猪突《ちょとつ》猛進したゴールが「リカちゃん」なのです。

リカちゃん発表会（東京会場）

（タカラ「家庭通信」'67年7月号）

7月4日「リカちゃん」ついに出荷

7月4日、なんとか400ダースが揃って「リカちゃん」は出荷の日を迎えました。東京や大阪など都心のデパートや大きなおもちゃ屋さんに並ぶのは、数日先になります。

太平醤油から柴製作所を経て、「リカちゃん」がタカラの青戸の社屋に届きはじめたのは、その二日前でした。数が足りずに、やっと4日の夕方に届いた分をあわせて全部で400ダース。トヨエース（小型トラック）1台と、ライトバン1台に積み込んで時計を見ると、4時を過ぎていました。

その日はよく晴れて暑かったのを憶えています。タカラの営業マンが車に乗り込むと2台の車はそのまま走りだして行きました。

わたしは嬉しさが半分、不安が半分。複雑な気持ちで門に立ち、その後ろ姿を見送りました。

今回の表彰者の横顔（第17回六月度）

タカラ

努力賞

○人形企画進行にあたり格段の努力
（中沢広志、小島康宏、照井真澄＝内地二課）

タカラ「家庭通信」
'67年7月号

リカちゃん、生まれました。

Hello, my friends!

Licca meets girls, July 4th, 1967.

こんにちは、わたしリカよ！

1967（昭和42）年7月4日、公式にはこの日、「リカちゃん」人形が初めて発売されました。

この時、羽ばたいていった「リカちゃん」は、〈エレガントワンピース〉や〈フランス語のおべんきょう〉、〈デラックス・ローマ〉といったドレスの全15種類（10、11頁参照）。赤いリボンの「リカちゃん」、ツインテールの「リカちゃん」、そして牧先生がパッケージに描いてくださった絵にそっくりな、おさげの「リカちゃん」です。

人形の箱には、ちゃんとプロフィールが載っています。

・リカちゃんのすべて
お父さん　フランス人
お母さん　日本人
リカちゃん　とてもやさしい
好きなこと　絵がじょうず
べんきょう　あまりできない

新発売の広告「りぼん」'67年10月号

悩み　フランスにわたった父がわからない

女の子たちの反応は早かった。

「タカラさん、人形の注文なんだけどね、追加してくれる」

売り出すとすぐに、問屋からの電話がひっきりなしに、かかってくるようになりました。まんが雑誌で広告やタイアップ企画を行っていたし、発売直前から夕方のテレビ番組でコマーシャルを流していましたから、♪「リカちゃん、リカちゃん、リ〜カちゃん。かわいい、リ・カちゃん」♪、というCMソングが耳について、「リカちゃん」を初めて目にしたというお子さんもたくさんいたでしょう。

デパートのショーケースにちょこんとおじゃました「リカちゃん」は、見る間に「バービー」や「スカーレットちゃん」に並ぶ人気者となったのです。7月だけで出荷した数は約3600ダース（4万3200個！）。増産に追われ、わたしは八日市場と社を往復する日々が続きました。

タカラの社内報「家庭通信」の同年7月号に、当時のてんやわんやした様子が描かれています。

社内をみると、タカラではリカちゃんが発売され、宣伝効果に対、生産があがらず、得意先からの催促の電話が耳を刺す。

（編集後記）

〝わたしの番よ〟

ビニール玩具メーカーとしてはすでに夏の商戦は終った感じ。今ごろプールを作つたつて売れるわけないよ。倉庫の中はビニール製品はほどんどカラッポ。代つて登場したのが可愛い着せかえ人形〝リカちゃん〟。目下テレビ宣伝中ですでに皆さんご存じの文字通りのカワイコちゃんである。

これがまた大変な人気で、人形業界にセンセーショナルな話題をまき起したとかで、発売以来上々の売れゆきに担当者たる大の男どもが、わずか十インチたらずのリカちゃんに振り廻わされてる感じ。

（ミニ・スポット　すみつこの話題あれこれ）

〝ハガキの山〟

小島康「下らないね」、藤田「エッ」、先日午前中でのリカちゃん人形担当の小島康さんと藤田さんの会話の一コマ。

くだらないとは意味がないという意味ではない。週刊マーガレットに載せた懸賞応募のハガキが、毎日のように五百枚、六百枚と殺到。まったく下ることがないのである。リカちゃん人形の人気もさるもの、いろいろな面白いハガキも届く。また一人で五枚も送つてきたり、速達でも届けられる。
リカちゃんの人気いつまで続く。

（ミニ・スポット　すみつこの話題あれこれ）

少女まんが雑誌「週刊マーガレット」では、「リカちゃん」の発売にあわせて、毎月抽選で50名に人形が当たる「リカちゃん大懸賞」を行っていました。また「りぼん」でも、7月号に牧先生が描いてくださった絵と「リカちゃん」の写真を載せ、〈わたしに名前をつけてください!!〉と見出しで大きくうたっていました（98頁参照）。だから、大人の知らないところで、「リカちゃん」はちゃんと有名になりつつあったのです。

女の子がドレス審査員

工場通いで忙しい合間をぬって、わたしは部下の富田君を連れて、隣りの中青戸《なかあおと》小学校へ向かいました。確か、学校が夏休みに入る少し前のことです。あまりの忙しさを見かねて、わたしにも部下ができたのです。わたしたちは手分けして、十数体の「リカちゃん」とたくさんの洋服を運んでいきました。

わたしが小学校の時に教わった担任の先生が、十数年経《た》ち偉くなって中青戸小の教頭先生になっていました。女の子に意見を訊《き》きたい、とお願いすると、「やっちゃんの頼みじゃ、しょうがないな。女の先生に頼んであげるから放課後に来なさい」と言ってくれました。

5年生の教室に入ると、女の子ばかり15人程が残されています。わたしと富田君は持ってきた「リカちゃん」を、黒板にズラリと立てかけました。どの人形も秋冬用のドレスやワンピースを着ています。

「今日は、リカちゃんのコンテストをやります。みなさんが審査員ですよ。自分がかわいいと思う人形を3つ選んでください」

わたしが大きな声で説明すると、「わあー」と歓声があがりました。もっと近くで「リカちゃん」を見ようと、みな黒板の近くに駆けよってきます。ひとりの女の子に、「あなたが投票の責任者ね。人形の上に正の字を書いていって」とお願いしました。

コンテストをやったのは必要に駆られてです。最初に売り出した15点のドレスはデザイナーにお任せだったけれど、人形が売れ出した第2弾の秋冬物からは、そんなわけにはいかなくなった。当時はオンワード樫山《かしやま》と共和工業という2社にドレスのデザイン、縫製をお願いしていましたが、向こうもオーダーを取ろうと、たくさんのサンプルを出してきます。秋冬物を20点出すと決めたら、2倍から3倍のサンプルが集まってしまい、結局、「子どもに訊くより、しょうがないね」ということになったのです。

投票の結果、女の子たちの人気は分かれたけれど、好む傾向は分かりました。人気の高かったのは、フリル、レース、リボン、アクセサリー付き、胸元にヨークのある服でした。

「このドレスのどこがよかったですか」

今度は洋服ごとに感想を訊いていきます。「はーい」と勢いよく手が上がり、女の子たちは、自分の好きな点はもちろん、「ここが嫌い」ということも、はっきりと言ってくれました。

コンテストの時、女の子たちに人気の高かったデザインは、7、8割は取り入れ、残りはバランスで選びました。人気だけで選ぶと、どうしても赤やピンクが多くなって、売り場に並べた時に見栄《みば》えがしないのです。黄色や水色のドレスはあまり売れないけれど、バランスをとるために、あえて入れていました。

コンテストの後も、女の子たちには度々協力してもらいました。ただ、あまり何回も同じ子には訊けないんですよ。同じ子に訊くなら、せいぜい2回まで。3回やってしまうと、お世辞まじりとはいかないまでも、ストレートな意見を言わなくなりますから。

面白いもので、いつも真っ先に意見を言う子もいるし、最後にボソッと話した子の言葉が、意外と核心を捉《とら》えていることがあったりするのです。大人は洋服でもハウスの壁面でも、何でもきれいに仕上げてしまおうとする。それを子どもに、「ごちゃごちゃしてるからいいの」と言われて、なるほどと唸《うな》らされたこともあります。

そういえばコンテストをした5、6年くらいあとでしょうか、青砥《あおと》駅の近くですれ違った高校生の女の子にお辞儀をされたことがあります。見覚えのないお嬢さんでしたから、もしかしたら、あの頃審査員をしてくれた女の子だったかもしれないですね。

どしゃぶりの中で

「小島さん、玄関に女の子たちが来ていますよ」

ドレス審査会をした、しばらくあとのことです。事務の女性に呼ばれて、わたしは慌てて階段を駆け下りてゆきました。外はどしゃぶり、夕立が続いています。

女の子たちが5、6人、全身ずぶ濡《ぬ》れで、束になった髪先やスカートの裾《すそ》から滴《しずく》がぽたぽたと垂れていました。わたしや近くにいた連中で事務所のタオルをかきあつめ、彼女たちに差し出しました。

数日前、わたしは女の子たちと、「この日の何時にタカラに来てね」と約束をしていました。ドレスの小物のことで、訊きたいことがあったのです。けれど、ちょうどその時間に夕立があり、2階の研究室で、「さすがにこの雨じゃ、今日は来ないな」と諦《あきら》めていたところでした。

「どうしてこんな雨の中、でてきたの」

「だって約束したから……」

小さい体を震わせてそう言う女の子たちを見ていると、心臓をわし摑《づか》みにされたとまではいかないけれど、頰《ほお》を叩《たた》かれたような気持ちになりました。

わたしはどこかで、子どもだから来なくてもしょうがない、子どもだから気まぐれだろうと思っていました。調査で子どもと話す時などは、それが〝子どもらしさ〟の一面だと思っていたのです。子どもは大人と同じなのです。子どもに合わせることと、子ども扱いすることは違うんです。

それからは、ドレスひとつ、靴の色ひとつ選ぶのにも、「これは女の子たちが気に入るかな」と考えると、いつもその時の少女たちの姿が浮かんできました。新商品を出す時なんかは、とくにそう。「まあ、このぐらいでいいや」とは、決して言えなくなってしまいました。

「ドリームハウス」が消えた

7月の発売以来、「リカちゃん」は着実に売上げを伸ばしていきました。7月の出荷数は約3600ダース（4万3200個）、8月は約5000ダース（6万個）、9月は約6300ダース（7万5600個）です。

一方、「ドリームハウス」のほうはなかなか動きません。社長からはよく「倉庫は駅にしろ、ホテルにしては駄目《だめ》だ」と言われました。つまり、倉庫は単に商品の通過ゲートであり、ホテルのように何日も泊めてはいけないというのです。「ドリームハウス」専用に小さい倉庫をひとつ使っていましたが、人形と違って嵩張《かさば》るのですぐにいっぱいになってしまいました。まさに長期滞在者で満室のホテル状態です。

在庫を数えるために戸を開けると、ハウスが上までびっしり積んであるので、ぐらぐら揺れて怖いくらい。さらに工場にもまだ在庫が残っていると聞いた時は、照井さんと二人で頭を抱えました。

1967年12月24日。「リカちゃん」を発売して初めてのクリスマス商戦も終りに近づき、わたしは朝から落ち着きませんでした。日本橋三越に着いたのは、正午を少し過ぎた頃です。エスカレーターを降りて、おもちゃ売り場のほうを見ると白いワイシャツ姿のサラリーマンでごった返しています。暖房の利《き》いた店内は人いきれで汗ばむほど。近くで働くお父さんたちが、昼休みに駆けつけてきたのでしょうか。

レジが見えるところまで進むと、店員が総出で品物を包装していました。うず高く積まれた「リカちゃんドリームハウス」の山がみるみるうちに低くなっていく。代りにお父さんたちがきれいに包まれた箱を、満足げに受け取っていきます。

これまでさっぱり売れなかった「ドリームハウス」ですよ。それが目の前で消えていく。まるで魔法にかけられたかのように、一瞬で、消えましたからね。

わたしは肚《はら》のそこから安堵《あんど》していました。虚脱感というのでしょうか。金縛《かなしば》りにあったみたいに、立ちすくんだまま動けなくなってしまったのです。何とも言えない心地よさに包まれて、ぼんやり、見るともなく売り場を見ていました。そのままそこに、三、四十分《し》はいたかな。

あとから考えると「ドリームハウス」も当然、売れるはずでした。テレビコマーシャルも雑誌広告も、必ず「リカちゃん」とセットで出していましたから。社長は発売して間もなくで、「大丈夫、ハウスは売れる」と確信したようですが、わたしたちは倉庫で在庫の山を見ていますから、この目で売れるところを見ないことには、とても呑気《のんき》に構えていられません。

当時の一般家庭では、「リカちゃん」を買ってあげることで精一杯、という家が多かったのではないでしょうか。だからハウスはクリスマスまで待って、特別な時でなければ手が出せないものだった。

売り場では、おばあちゃんがメモを片手に、「桃色の○○というドレスを着たリカちゃんを……」と店員さんに訊いています。ショーケースには他の人形も飾ってあったけれど、圧倒的に「リカちゃん」を買い求める人が多いように見えました。

わたしはその足で、日本橋髙島屋、新宿小田急、横浜そごう、など主なデパートを回りました。それから毎年、クリスマス・イブの日は、わたしひとりで同じ時間帯に同じデパートを見て回るのが決まりになりました。子どもが通信簿をもらうようなもので、そこで目にする光景がその1年のわたしの成果です。1年間よくがんばったら、自信をもって見にいけるじゃないですか。

'67年12月21日 朝日新聞夕刊掲載

仕事納めの日、会社で大掃除をしていると問屋の4トントラックが、倉庫に面した細い路地にずらりと並んでいます。正月二日の初売り用に、残っていた商品をすべて積み込ん

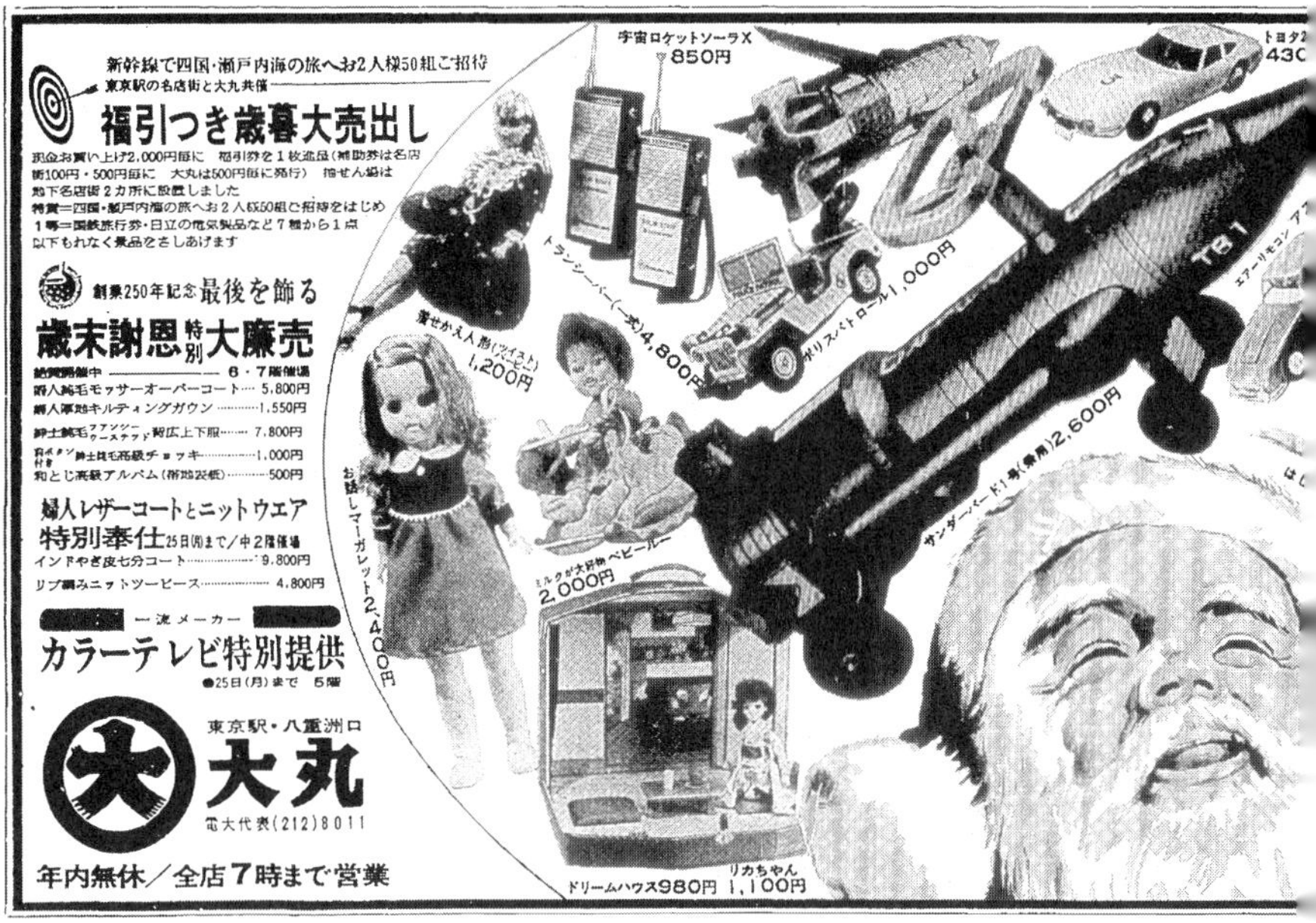

で、運んで行きました。

「ゼロ、ゼロ、ゼロ、ゼロ！」

年内最後の在庫確認はすぐに終りました。がら空きだから、数えるものが何もない。

わたしはそのあと、「リカちゃんチーム」の忘年会に向かいました。チームといっても、社長、中沢さん、照井さん、部下の富田君、女性事務員の安藤さん、そしてわたしの6人。

乾杯する前に、社長が「みんな、ひと言ずつ言いなさい」と促《うなが》しました。わたしはさっと立ち上がると、実感をこめて言いました。

「今日この日に、美味《おい》しいお酒が飲めるように、この1年がんばってきました」

「君、いいこと言うね」

社長に褒《ほ》められたのは、後にも先にも、これだけです。

「リカちゃん」のBF《ボーイ・フレンド》

おもちゃ業界には「半年天国、半年地獄」という定説があります。「リカちゃん」は7月からの半年で約48万体を出荷しましたが、それでも発売してから2、3年は、「今年はよかったけれど来年は大丈夫?」と、問屋に訊かれたものでした。新商品は3カ月から半年保《も》てば良いほうなのです。昔はどのデパートも正月休みが明けるとおもちゃ売り場を縮小していました。代りに売り場は、2月、3月は雛人形、4月、5月は兜《かぶと》、夏場はプールや浮き輪で占められます。そして秋を過ぎると次のクリスマスに向けて、またおもちゃ売り場が拡張されるのです。だから、遅くとも夏までに新商品を発表しなければ、次のクリスマス商戦には、間に合いません。

わたしたちは2年目の目玉商品として「リカちゃん」の友達を売り出すことに決めました。学校教育では同級生同士の仲間関係を大事にする風潮がありましたし、姉妹なら他のお人形にもあるけれど、フレンドはまだない。

それでもボーイフレンドを出そうとした時には、社内でも年配の社員から、猛反発を受けたものです。

「まだ子どものくせに、ボーイフレンドなんてけしからん」

若い男女が一緒に歩いただけで、「アベック」と後ろ指さされる時代に育った人たちですから、仕方ありません。実は「リカちゃん」を発売する前に一度、ボーイフレンドの人形を試作したことがあります。少女まんがにはヒロインの相手役に必ず、白馬の王子様のような男の子がいましたから、「リカちゃん」の隣りにもそんな人形を置いたらどうかと考えたのです。ただその時は「リカちゃん」と「ドリームハウス」の進行で手一杯で、商品化する余裕はありませんでした。

わたしは新たにリカチームに配属された新入社員の沓沢《くつざわ》君に試作品のボーイフレンドを持たせて、女の子たちに訊いてくるよう命じました。

「小島さん、これ絶対に売れますよ！」

沓沢君は戻るやいなや、自信たっぷりに言いました。彼にとっては初めての経験だから、子ども相手の質問はぎこちなかったはず、しかしその部下が「売れる」と実感したのなら、まず間違いがない。子どもたちにボーイフレンドを渡すと、王子様にしたり、レストランのボーイ役にしたりと、大喜びで遊んでいたそうです。子どもには、大人の常識は通用しない、そう実感した良い経験でした。

「リカちゃんトリオ」は楽しさ3倍！

1968（昭和43）年、「リカちゃん」の友達として、やさしい「いづみちゃん」と、かっこいい「わたるくん」が登場しました。

「いづみちゃん」、佐藤いづみさんは、クリアブルーの瞳とピンクの唇が印象的な女の子。お嬢様のように上品な、正統派の美人です。スーツでもワンピースでも大人っぽいドレスが似合うので、女の子の中には「いづみちゃん」派という子も多くいました。

「わたるくん」、橘《たちばな》わたるくんは、七三分けに甘いマスク、秀才でかっこいいスポーツマン。「わたるくん」の顔立ちは宝塚の男役をイメージして作りました。あまり男っぽくても女の子には好《す》かれないのです。当初社内では、「わたる」に、「亘」という漢字を充てていましたが、「亘」は社長がとても気に入っていた思い出があります。

その頃、〝トリオ〟という言葉が、「ナンセンストリオ」をはじめコミックグループ（お笑い）の名前として流行《はや》っていました。わたしたちは商品が陳腐化しないよう流行のキーワードを取り入れることを心懸けていましたから、これもすぐに採用です。

「よし、リカちゃんもトリオにしよう！　トリオに男の子も入れたら、女の子たちは喜ぶぞ」

'68年はグループサウンズの全盛期。「ザ・タイガース」や「ザ・スパイダース」などへの人気は社会現象となって小学生にまで拡がり、女の子たちは〝ジュリー〟こと沢田研二さんを見て、「かっこいい、お兄様！」「しびれる！」と騒いでいました。その熱狂ぶりを見てわたしたちも、トリオのドレスには胸元や袖口《そでぐち》にフリルがたくさんついたGS風の洋服や、ずばり「リカちゃんトリオ」の〈タイガースルック〉、〈スパイダースルック〉、〈テンプターズルック〉と人気グループの衣装をモチーフにしたものをたくさん用意しました。

一番初めの「リカちゃん」は腰が回りませんが、この頃のボディーは胴が腰で分離して回るようになっています。そこでトリオのコマーシャルもバンドのゴーゴーリズムにのって賑《にぎ》やかにツイストをしながら登場、ということになったのです。

♪「リカちゃんトリオはなかよしだから～　わたしいづみよ…ぼくわたる…　三人そろってリカちゃんトリオ～　リカちゃんトリオは楽しさ3倍！」♪

（テーマ曲「リカちゃんトリオ」）

このコマーシャルは子どもたちに強い印象を与えました。「リカちゃん」はトリオなんだから、他の人形と一緒に遊ぶのは不自然だ、と思われるようにまでなったのです。

いづみちゃん＆わたるくん 新発売のCM

GS風なの！

新発売
600円より
リカちゃん
600円より
いづみちゃん
700円より
わたるくん
リカちゃんトリオ

リカちゃんトリオは
なかよし
だーからー〜

どーこえいくにも
リカちゃん
ト〜リ〜オ〜〜

リカちゃんトリオは
たのしさ
さんばい！

（ブックレット中頁）

「リカちゃんトリオ」ブックレットの表紙

▶お揃いで【シルバーミニルック】を着て、はいポーズ。ドレスも靴も共用できることをうたっている。

ドレスもくつも
ピッタリよ

少女フレンド連載中
リカちゃんトリオ
ひとみちゃん
ゴローちゃん
くるみちゃん
かわいい
リカちゃん
カッコいい
わたるくん
やさしい
いづみちゃん
リカちゃんトリオ
だっこちゃんマークの
タカラ

裏面

ドレスもくつも
ピッタリよ
腰をまわして
GO
GO
ポーズ
わたるくん
いづみちゃん
リカちゃん

側面

はじからはじまで
読んだ、
お人形のハコ…!!

◀文字「腰をまわしてGOGOポーズ／＊手足が自由にまがります　イスにすわらせたり、ゴーゴーをおどらせたりしてあそびましょう。／＊すてきなロングヘアー　いろいろなヘアースタイルができます。」

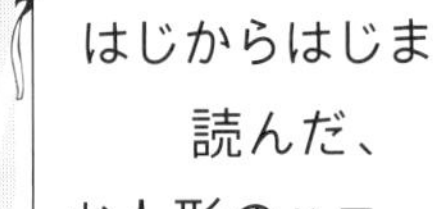
リカちゃんトリオ

◀共に、左のブックレットが入っていた。

資料提供：WWW.omnivague.com（オムニヴァーグ／東京・西荻窪）

正面

リカちゃんトリオ
¥600.
ファッションドール
いづみちゃん
タカラ

リカちゃんトリオ
わたるくん
タカラ

縦28.5cm×横9.4cm×奥行5.5cm

Licca trio
Izumi
6046

Licca trio
Wataru
8082

【 リカちゃんトリオの
ヴィレッジシンガースルック 】（ベスト欠け）

【 散 歩 】

牧美也子先生のイラストと試作段階の「リカちゃん」。人形の発売前に掲載された。〔『りぼん』（集英社）'67年7月号口絵〕

「レディリカ」登場時の広告（'70年）。出来上がりに満足し、著者が当時の業務ノートに貼り付けていた（左右共）。
〔『週刊少女フレンド』（講談社）〕

ミニミニのリカちゃん
グループサウンズ
THE LICCAS
リカちゃんファッションショー
Licca
No.7014 700円
No.7521 750円
No.7519 750円
No.7520 750円
No.7518 750円
かわいいリカちゃんは…
♥手足がまがります
ドラムもギターも得意中の得意、ゴーゴーダンスも軽やかにステップをふみます
♥とってもキレイでながいヘヤー
アップにしても、おさげにしても、よくにあうリカちゃん。お好きなスタイルを
♥たくさんのドレスがあります
ヘヤースタイルやお出かけ先を考えて、えらんであげてください。
リカちゃんハウス
♥ハッとひらくと――リカちゃんハウス
バッグのようにもって、おともだちのところへ…とってもべんり！中は、イス・テーブル3点セット・鏡・カーテン・洋服かけ・ハンガー・ドア・じゅうたん…のあるすてきなおへや980円（リカちゃん別）家具セットだけでもお求めになれます（200円・300円）
牧美也子先生の監修・推薦
（リカちゃんフレンド）
神奈川県横浜市 さん（小四年）
ゴーゴー踊るリカちゃん、とっても楽しそうネ。あたしとお姉さんと、二人で踊るのが
TAKARA
たっこちゃんマークの
株式会社 タカラ
東京都葛飾区青戸4―19―16
♥品切れの時は、現金書留で上記へおもうしこみください

当時流行りの“ミニミニ”スカート。この広告のシリーズには、ドライブやハイキング、ウェディングなどがあった。

〔『週刊マーガレット』（集英社）'68年第12号〕

リカちゃん拡大図鑑

じっくりごらん遊ばせ。

Zoom in!

Button

Tag

女の子たちは小さくて精巧なボタンが大好きだった。写真の銅ボタンは「わたるくん」のベストに使われていたもの。タグは共に初代「リカちゃん」の服に付いていたもので、上の方が時代が古い。

当時は布地もデザインも手のこんだものが多かった。〔中央〕の銀糸入りレースは、左頁【 水晶 】。〔右下〕の花柄は6－7頁のケープ【 パリモード 】の裏地…初代の服は、きちんと裏地の付いているものが多い。〔中央下〕は112頁のドレス【 ハイキングセット 】の後姿で、布使いが巧妙。

fabric & Lace

Kawaii Licca chan

【パパとおでかけ※】

※「タミー」の妹、「ペパーちゃん」(アイデアル社)の服。

• 特徴 •

瞳はひとつ星。長いまつ毛とみかん色の唇がチャーミング！

Kirei na Izumi chan

【水晶】

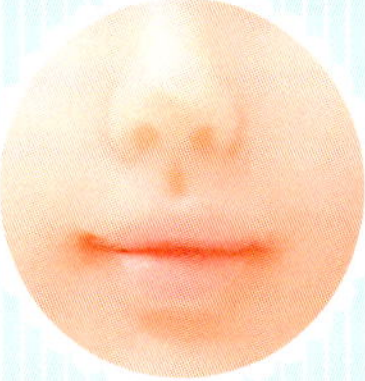

• 特徴 •

澄んだ瞳とやさしい口もと。真っ直ぐに前を見つめる美人さん！

Kakkoii Wataru kun

【えんび服】

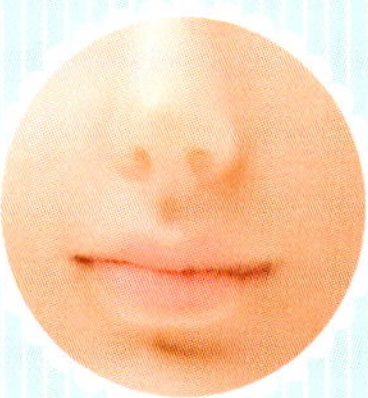

• 特徴 •

壮麗な顔立ちは、宝塚風。潤んだ瞳と、まつ毛に注目！

「お菓子の家」福田里香・作

福田里香［お菓子研究家］

「リカちゃんハウス」へのオマージュ作品。手に持っているハウスは、アイシングを塗ったラスク。ドレスはレースペーパー、装飾はお菓子のアラザンです。

Girlish Culture リカちゃん展(2008) 展示作品
撮影 野川かさね

ごめんください！…… まあ、リカちゃんいらっしゃい。
あらステキなお洋服…（でも、おそろなのよ……!!）

リカちゃん　お紅茶はいかが？

Dress【 コルドンブルー 】／ House【 リカちゃんトリオハウス 】

次女・希巳枝の花嫁「リカちゃん」

著者の次女が、挙式で着たウェディングドレスと同じデザインのドレスをまとう。元部下から贈られた最高のプレゼント（長女のものも同）。

長女・里香の花嫁「リカちゃん」

サムシング・ブルーの瞳。やさしく微笑む口もと。次女のものと同じく、レースの刺繍が美しい。

みんなリカちゃんです
My name is Licca!

〔左頁上より〕初代リカちゃん（'67〜）、初代レディリカ（'70〜'73）、ピチピチリカ（'71〜'72）、2代目リカちゃん（'72〜）。

〔右頁下より〕3代目リカちゃん（'82〜）、ピンキーピンクリカちゃん（'92年のみ生産、5代目リカちゃん）、4代目リカちゃん（'87〜）、4代目リカちゃん。

右【 ハイキングセット 】
左【 マギー 】

（93頁から続く）

「いづみちゃん」と「わたるくん」を売り出した年の年末年始商戦におもちゃ業界の専門誌「玩具商報」が、全国のおもちゃ屋23店に行ったアンケート調査によると、そのうちの20店で、「リカちゃんトリオ」もしくは「リカちゃんハウス」が、「金額的に売れたもの」「指名買いの多かったもの」としてあげられていました。あるお店はその要因を「トリオになってから一段と人気が出た商品で、本当にかわいいマスコット的人形だからだと思う」と述べています（「玩具商報」、'69年2月1日号、商報社）。ウルトラマンやプラモデル、野球盤といった男の子に人気のおもちゃに混じって、女の子のお人形「リカちゃん」の名前があげられることは大変な快挙なのです。当時はおもちゃ全体の売上げの中で、男児向けが7割、女児向けが3割と言われていたのですから。

また、この頃には、「タミー」を生産していた柴製作所の東京工場のラインも、すべて「リカちゃん」へ変っていました。

「リカちゃん」はおしゃれ

トリオになった頃から、「リカちゃん」のドレスは格段におしゃれになりました。

なにしろ'60年代後半は、昭和元禄《げんろく》と呼ばれて誰もが好景気に浮かれた時代です。196

7年のツィギー来日でミニスカートがブームになると、大人のファッションはパンタロン、モッズスタイルと百花繚乱《りょうらん》になっていきました。デザイナーさんはそのへんに敏感な20代前半の女性が多かったので、人形の服にも巷《ちまた》の流行をどんどん取り入れてもらいました。パンタロン、ロングスカーフ（「Oh！モーレツ」のCMにも登場）、ボレロとワンピース、シースルー（すけすけルック）。

少しあとにはマキシのコート、ジャンプスーツ、サイケ調の柄、ヒッピースタイルなんてのもありました。

ミニスカートによって新しいアイテムのパンティストッキングが流行《はや》ると、「リカちゃん」にもいち早く取り入れました。ミニとブーツ、メッシュのパンティストッキング（網タイツ）の組み合わせ（15頁参照）。髪型は上でまとめてお団子にしたもので、憶《おぼ》えてくれている人も多いのではないでしょうか。

ただ、これにはひとつ決まりがあって、近寄りがたい最先端の流行ではなく、それを着た人を東京の下町でも見かけるようになったら、「リカちゃん」も即OK。その頃わたしたちは、「リカちゃん」は女の子たちの〝半歩先〟を行く憧《あこが》れの存在だと考えていました。女の子たちが、わたしだってこうしたいわ、と自分を重ね合わせて遊べるように、ものすごく先の流行ではなく、いつかは手の届きそうな流行を届けるよう、心懸けていたのです。

うんてんは
うね！
ーカーで
ッツゴー！
レディ7
カッコイイリカちゃんカー
セブン
レディ7
カッコイイ！
スポーツカーなの。
ハイウェイをビュン
・ビュンとばしては
しるの。
とってもロマンチッ
クねェ……。
ボーイフレンドと
いっしょだとグン
バツよ！
リカちゃん
レディ7
¥980

昔の親は、子どもに流行の服を着せるということはしませんでした。大人の服がおしゃれになっても女の子たちはみんな、駅前の洋品店に飾られているような、子どもらしい洋服を着せられていました。子どもと大人は違うという認識が歴然とあって、だから当時の女の子は、大人にならないと着られない流行の洋服を、「リカちゃん」に着せて楽しんでいたのです。ミニだって、マキシだって、大人になるまで待たなくても、人形なら今すぐに着ることができるから。「リカちゃん」は彼女たちの分身でもあったのです。

（ブックレット中頁）

リカちゃんトリオリサイタル
【リカちゃんトリオのモンキーズルック】
テンプターズルック】
【リカちゃんトリオのヴィレッジシンガースルック】
800円
450円
(リカ)NO. 7530 750円
ドレスNO. 4030 400円
(いづみ)NO. 7556 750円
ドレスNO. 4056 400円
NO. 8075
ドレスNO. 4575
NO. 8076 800円
NO. 4576 450円
532 750円
32 400円
558 750円
400円
イエイー!!
ク!

リカちゃんトリオリサイタル

◀文字「うたうわたるくん、えんそうするリカちゃんといづみちゃん、リカちゃんトリオがんばってね。」

う〜ん シビレちゃう!!

【リカちゃんトリオのスパイダースルック】
【リカちゃんトリオのカーナビーツルック】
NO. 8080 800円
ドレス NO. 4580 450円
NO. 7528 750円
ドレス NO. 4028 400円
NO. 7554 750円
ドレス NO. 4054 400円
NO. 8079 800円
ドレス NO. 4579 450円
(リカ) NO. 7534 750円
ドレス NO. 4034 400円
(いづみ) NO. 7555 750円
ドレス NO. 4055 400円

リカちゃんトリオのGSルッ

（「リカちゃんトリオ」ブックレット中頁より）

5年程前、子どもの意識調査をした時には、その変貌《へんぼう》ぶりに驚いた憶えがあります。今の女の子は、母親と同じようなジーンズを穿《は》いて髪も美容院で切っている。昔は女の子だって髪を切るのは床屋で、母親がパーマ屋に行くのを羨《うらや》んだものです。あれこれ制約があった分、自分ではかなえられない夢や憧れを人形に託す気持ちも、今の子どもより大きかったのかもしれないですね。

愛しのブックレット

それにしても、女の子たちの洋服への興味は、こちらが想像する以上に大きなものでした。わたしたちは、商品に同封したブックレット（商品カタログ）を、それまでの紙一枚のリーフレットから、二十数ページの小冊子に変えて、新しいドレスのデザインや人形のプロフィールなど、読む情報を多く詰め込んでいきました。

【シャーベット】750円　おしゃれな3だんタッチ、高い帽子がかっこいいのスカットしてる。

【シルバーミニルック】750円　銀のミニミニまばゆいわ、しまのマフラーつけてタイガースみたい。

【おしゃれさん】７５０円　流行のプリーツフリル　銀ラメ地に赤のライン、マジックボタンがウインクします。

【黄色いパンタロンスーツ】８５０円　ラッパズボンでね。テレビのザ・ピーナッツみたい。

【シベリア】８５０円　ワーあたたかいロシアの兵隊さんみたい、マフラーがついているのよ。

（【　】はドレス名。値段は人形とドレスのセット）

これはブックレットに掲載された文章です。洋服の名前に、値段、コメント。コメントは、わたしと富田君で考えたほか、ドレスの審査会をした時に聞いた、女の子たちの感想を書き留めて使うこともありました。文章が足りなかったりすると、たいてい「ウフフ」で誤魔化《ごまか》しちゃう。

また、子どもたちの知識欲はすごいから、大人顔負けのファッション用語もたくさん入れていきました。〈ジャガードってなあに　このドレスの生地なの〉〈だいたんなダイヤカットをカラフルに、……〉〈Vカットに白いレースが特徴〉〈エバプリーツ（折り目がとれません）〉。

ネルの布、タオル布、ちぢみの生地、あみおり。みなブックレットに書いてある言葉です。それは単に人形のおまけではない、女の子たちにとっては大切なファッションブックだったのです。

ブックレットは1冊に10円から15円の原価をさいて、お金をかけました。オフセット印刷を手懸ける日暮里《にっぽり》の富士美術印刷㈱という会社に、田中正昭《まさあき》という学生時代からの友人がいたので、「オールカラーで、20ページ、いやもうちょっと。10円でやれるか？」と交渉し、印刷をお願いしました（田中は現在、同社の代表取締役社長を務めています）。

デザインは工画堂スタジオです。

それだけやった甲斐《かい》がありました。

「わたしはこのピンクのドレスをもってるわ。あなたは？」

「わたしはこっちの赤いワンピース。このシューズセットももっているわ」

「じゃあ、次に遊びに来る時に、もってきてね」

わたしが出会った女の子たちは、こんなふうに友達同士でブックレットを見ながら楽しむと、話してくれました。

「新しくなるたびにブックレットの隅《すみ》から隅まで読むの」女の子たちはみんな、口を揃《そろ》えて言ったものです。

リカちゃん応援団

ブックレットは、思わぬところでも威力を発揮してくれました。八日市場の太平さんで「リカちゃん」を作っていたのも、内職でドレスを縫っていたのも、人形で遊ぶ年齢のお子さんがいる主婦が、ほとんどです。わたしは彼女たちのもとを訪れる時は必ず、ブックレットと「リカちゃん」の広告が載った雑誌の切り抜きを持っていきました。

「まあ、これはうちでやった分だわ。これとこれも！」

ブックレットを見るとひと目で分かるでしょう。自分の仕事ぶりを子どもや近所の人にも見せることができるし、雑誌の広告に自分のやった人形が載ればさらに自慢なわけです。遠くにある下請けの内職屋さんには、同じものを郵送しました。ずっとそんなことを続けていたら、作り手の側にも、〝リカちゃん応援団〟が増えてきたのです。

特に、応援団が力を貸してくれたのは、繁忙期に入った時。クリスマスや年末は、おもちゃ屋にとって書き入れ時ですから、どの工場も内職屋も秋口になるとメーカーからの注文が一気に増えるのです。そんな時に、以前から付き合いのある他のメーカーの分をよけて、後発の「リカちゃん」を優先的に作ってもらうのは、大変なんです。日頃からわたしは、早め早めに注文を出すよう心懸けていました。工場が台風で床下浸水した時は、見舞いに一升瓶《いっしょうびん》を持って駆けつけ、片付けの手伝いもしました。やっぱり最後にものを言うのは人情ですから。

数を揃えるのが大変だったのは、人形よりもドレスです。ドレスの縫製は、主に群馬県桐生市《きりゅう》にあるオンワード樫山の下請け工場にお願いしていました。袖《そで》付け、リボン付け、と内職の奥さんの間を回して仕上げるので、1着出来上がるまでにどうしても時間がかかるのです。「リカちゃん」を発売して2年目、3年目はどれだけ作っても、品不足だと言われ、売り場が「くれ、くれ」と言うから、問屋も入荷するとすぐに出してしまう。ブックレットには、15点から20点は服が載っているのに、売り場には5、6種類だけ、ということがしょっちゅうでした。

洋服で思い出深いのは、ドレスセットの箱詰めをしてくれた、桐生の㈲ニシムラのことです。当時は〝人形ひとつにドレスは3枚〟というのが遊びの基本だと考えていましたから、買い増しの服がメーカーにとっては重要なカギになるのです。お母さんの手作りの服と違って、ドレスセットには靴やバッグ、アクセサリーなどの小物が付いていたので、女の子たちにとっては憧れの強いものでした。女の子たちも欲しい、わたしたちも売りたい、ニシムラさんでも作りたい。でも肝心のドレスが足りなくて商品が出せない、ということがよくありました。ドレスは出来たものから、人形に着せて売る分に回ってしまうのです。

だからよくニシムラさんに、「すみません、またドレスが足りなくて」とか、「もうちょっと待ってください」と謝って、迷惑ばかりかけた憶えがあります。

当時は本当に、「リカちゃん」が足りなかった。工場から出荷する時、普通は人形1ダース（12体）を一箱に入れて出荷します。半端《はんぱ》な数が出た時は、端によけて全部とっておくのです。それを新しいおもちゃ屋が開店すると聞くと、全部まとめてポンと出す。問屋もおもちゃ屋も大喜びでした。デパートでさえ品物がないのに、一度に全種類が揃ったって。

「リカちゃん電話」誕生のひみつ

「リカちゃん」を発売してしばらくたった頃、会社の代表電話に1本の電話がかかってきました。

小物がたくさん付いたドレスセット

「もしもし、リカちゃんいますか？」

電話に出た女性がとっさに気転を利かせて、「こんにちは、わたしリカよ」と答えてくれたそうです。それ以来、ぽつぽつと似た電話がかかってくるようになりましたが、「リカちゃん」が本当に存在すると思っていた子どもが多かったということでしょう。近所の奥さんにパートで来てもらい、専用の黒電話を置いて女の子からの電話に応答してもらいました。これが後に、「リカちゃん電話」の開設につながるわけです。

専門の電話機は置きましたが、番号は会社の代表番号と同じままでしたので、電話が増えてくると、「いつも話中でつながらない」「間違い電話が多い」など苦情も出て、業務に支障をきたすようになりました。仕方がないので、専用の電話回線を敷き、女子高生を10人程アルバイトに雇って、夕方から交代で来てもらったのです。

電話を取ると、「リカちゃん、今日は何したの？」と訊いてくる子もいれば、「宿題が残っちゃった、どうしよう」と相談してくる子、おしゃれのことを訊く子もいます。子どもたちは「リカちゃん」はなんでも答えてくれると思っているから、いろいろ質問されて、答えるほうも大変そうでした。

その後、万が一でも「リカちゃん」を騙《かた》って子どもを呼び出す誘拐騒ぎでも起きたら大変だ、ということになり、最初に電話を取ってあいさつをしたら、「ちょっとまってね、リカちゃんに代るわ」と言って、テープに切り替える方法に変えました。「リカちゃん」を発売した翌年の1968（昭和43）年10月には〈こんにちは。わたし、リカよ……〉と最初からテープの声が流れるようになりました。公式的に〝「リカちゃん電話」開始〟と言っているのは、この時からです。

「リカちゃん」の声を務めてくれたのは、アニメ「アルプスの少女ハイジ」の「ハイジ」や、「うる星やつら」の「テンちゃん」、「キテレツ大百科」の「コロ助」などの声を演じた人気声優の杉山佳寿子《かずこ》さんです。杉山さんは1997（平成9）年までなんと30年間も「リカちゃん」になりきってくれました。けれど、昔は「ハイジ」と「リカちゃん」の声の人が同じだということは、子どもたちには伏せていたんですよ。

〈リカね、今ひとりでお留守番なの。退屈していたわ……〉

〈リカね、電車に乗った時、おばあちゃんに席を譲ったの。恥ずかしかったけど、勇気を出してよかったわ……〉

こんな感じで日常の出来事を入れて、楽しい話題に子どもたちを引きこむようにしました。野球の王《おう》選手が本塁打記録を作った、なんていうのもあったかな。極力、売らんがための姿勢は控え、新製品の情報は入れません。子どもたちは10円を払って、「リカちゃん」の声を聞こうとしているのですから。

「リカちゃん電話」は24時間365日休みなしです。最初の2、3年は、大晦日《おおみそか》になると会社に行き、除夜の鐘を聞きながら、自分の手で「あけましておめでとう」と話すテープに入れ替えていました。それくらい細やかに気を配らないと子どもは信じてくれません。子どもの夢を壊さないようにと、気持ちを込めてテープを交換していました。

「リカちゃん電話」の回線がパンクしたことだってあります。テレビ番組の「8時だヨ！全員集合」で加藤茶さん扮《ふん》するところの先生が、「さあ、こんどは理科の時間ですよ」と言い、「リカちゃん」と「リカちゃんハウス」を持って現れたのです。当時の「リカちゃん電話」の番号、×××—××××も飛び出して、満場は大爆笑。お茶の間でも家族みんなが笑い転げたことでしょう。

まんが「リカちゃんトリオ」

発売当初からタカラには、女の子からの電話や手紙が数多く届けられていました。「リカちゃんて何年生？」「リカちゃんのお母さんは何がとくい？」

女の子たちは、こちらの投げかけに夢中になってフィードバックしてくれる。それに応えるかたちで、「リカちゃん」のプロフィールも詳細になっていきます。

けれどブックレットに掲載された情報量では、女の子たちはまだ満足しない。そこで、「週刊少女フレンド」に「リカちゃん」のストーリーまんが「リカちゃんトリオ」を連載し、細野《ほその》みち子先生に作品をお願いしました。

まんがのストーリーは、香山洋装店のひとりむすめで少女モデルの仕事をする「リカちゃん」が、パパのピエールを探しにフランスへ行き、失明して神父になっていた父と出会う……というもので、毎回ドラマチックな展開が繰り広げられていました。

リカちゃんトリオのひみつ

きれいな いづみちゃん	かわいい リカちゃん	かっこいい わたるくん
すんだやさしいひとみにピンクのくちびる、ピアノがとくい、リカちゃんとは大の仲よし。	大きくきれいなひとみにみかん色のくちびる絵と音楽が大好き、勉強はちょっぴり弱いの。	秀才で明るいスポーツマン、女の子のあこがれのまと、音楽はちょっぴりにが手。
黄色	ピンク	青色
スイトピー	バラ	カトレア
若草物語	小公女	月世界旅行
将来はピアニストになりたいの。白いドレスをきてステージに立つのよ。	ステキなパパとデートしている夢を時々見るの。ママにないしょね。	ボクのひみつの手ちょう。大切な研究しりょうがいっぱいかいてあるんだ
おちゃめな くるみちゃん	わんぱくな ごろちゃん	やさしい ママ
いづみちゃんの妹、おちゃめでとってもかわいいの。お姉ちゃまのまねばかりするのよ。	いたづら好きのワンパク坊や。でも一番の正義の味方！わたるくんの弟です。	やさしくてステキなママ。でも、時にはキビシクしかる事もあります。
オレンジ	グリーン	紫色
パンジー	ポッピー	ゆり
人魚姫	巨人の星	あじさいの歌
ねる前にいつもおまじないをするの。美人になりますようにって…………。	ボク、ガールフレンドがほしいなあ、リカちゃんのママみたいにやさしい人。	リカやリカのお友達がみんないい子でいればそれでじゅうぶんそれがママのねがいよ。

上より：しょうかい、好きなこと（色、花、本）、ないしょのはなし。（当時のブックレットより）

〈フランスと日本《にっぽん》をむすぶ、すばらしい愛《あい》と冒険《ぼうけん》！〉〈くるしみとかなしみをひめたリカの父《ちち》ピエールのまえに、にくい犯人《はんにん》マリがたった！〉

（「週刊少女フレンド」'69年1月7日号、「リカちゃんトリオ」扉頁）

また1970（昭和45）年には、熱心なファンの声に応えて、六本木に「リカちゃんハウス」を開設し、友の会（今でいうファンクラブ）の「リカちゃんフレンド」をスタートしました。ここに入会するとミニ雑誌の「リカちゃんフレンド」やバッジなどの記念品がもらえるとあって、発足して1年で会員は3万人近くにまで達しました。最盛期には10万人を超えたこともあるのです。

ミニ雑誌では、お便りの紹介やドレスコンテスト、質問コーナーを設けていたので、女の子たちからは手紙がたくさん届きます。ファンレターから、商品のアイデアを綴《つづ》ったもの、直したほうがよい点を書いてくれたもの、そして幼いお子さんのお母様が代筆した手紙。

「リカちゃんハウス」を運営していたのは、それまで「リカちゃん」の広告をお願いしていた文珠《もんじゅ》デザインスタジオです。文珠デザインさんは、一通一通に目を通し、こんなお便りがきています、とタカラに渡してくれました。

よく憶えているのは、「お母さんがお菓子のブリキの缶をリカちゃんのベッドにして、

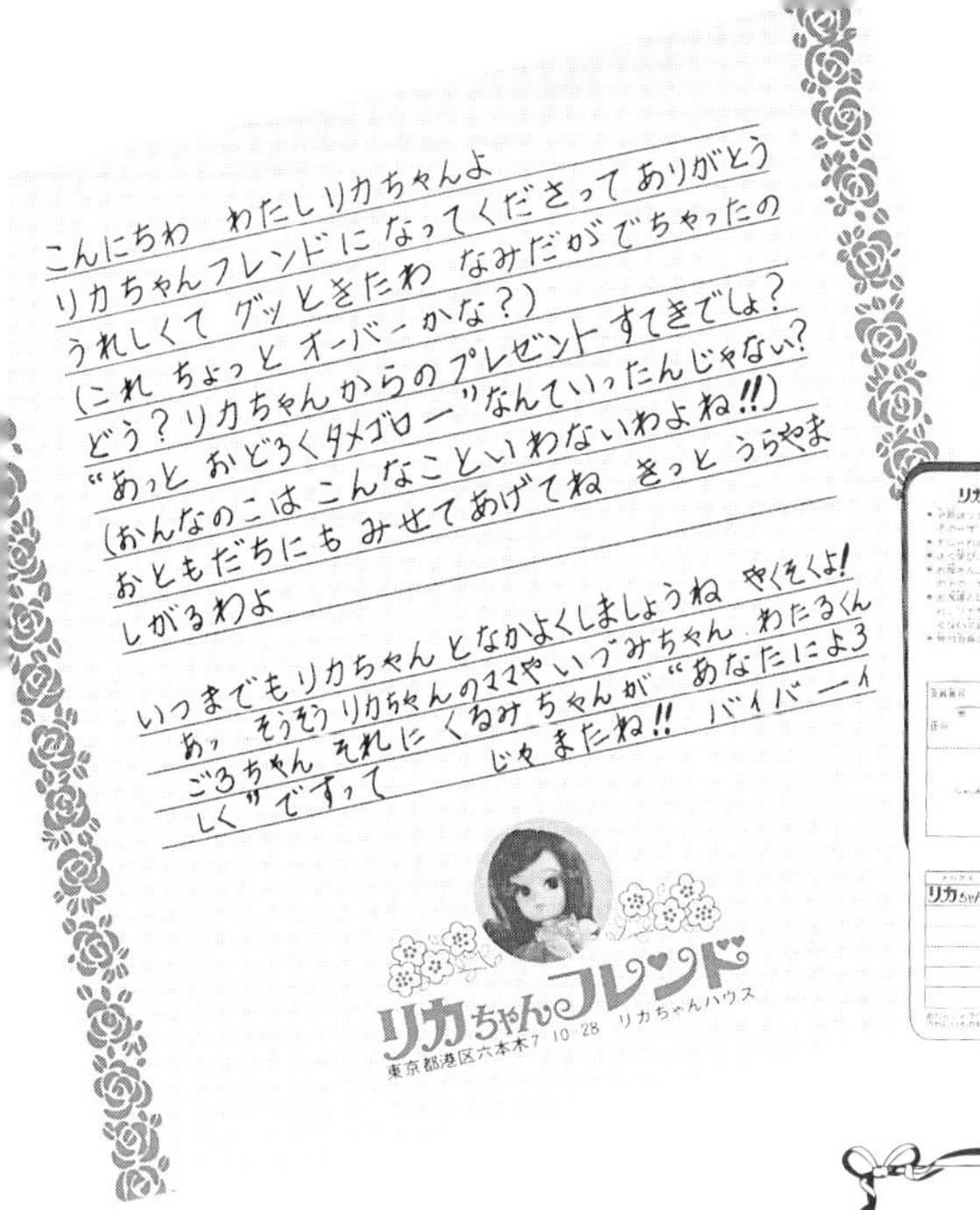
こんにちわ　わたしリカちゃんよ
リカちゃんフレンドになってくださってありがとう
うれしくて グッときたわ なみだがでちゃったの
(これ ちょっと オーバーかな?)
どう?リカちゃんからのプレゼント すてきでしょ?
"あっと おどろくタメゴロー"なんていったんじゃない?
(おんなのこはこんなこといわないわよね!!)
おともだちにも みせてあげてね きっと うらやま
しがるわよ
いつまでもリカちゃんとなかよくしましょうね やくそくよ!
あっ そうそう リカちゃんのママやいづみちゃん、わたるくん
ごろちゃん それにくるみちゃんが"あなたによろ
しく"ですって じゃまたね!! バイバーイ
リカちゃんフレンド
東京都港区六本木7-10-28 リカちゃんハウス

リカちゃんフレンド会員証
17606
リカちゃん
5月3日
花 音楽 絵

リカちゃんフレンド

「リカちゃん」から入会者へ送られた手紙〔左〕、特別会員の会員証〔中央〕、第1号のミニ雑誌（'71年）〔右〕。

リカちゃんフレンドの素敵な品々

【お誕生日カード】

▼文字「リカちゃんトリオからあなたへのおたんじょうカードよ　ケーキはリカちゃんのママがつくってくれたの／このカード　おともだちにも　みせてあげてね」

おたんじょうび おめでとう
このカード おともだちにも みせてあげてね
リカちゃんマンション
3DK(ベッドルーム・おうせつま・こどもべや・ダイニングキッチン)のすてきなマンション かぐやベッドもついているの しろいかいだんをトントンってのぼると おくじょうよ なにがみえるかな?
2,500円
しゃしんはリカちゃんマンションとリカちゃんトリオ それにリカちゃんベッド(980円)・ファニチュアセット(250円)・おうせつセット(200円)です

リカちゃんトリオ

【リカちゃんハンカチ】

資料提供：文珠デザインスタジオ

その上に布団を載せてくれました」というもの。その頃ベッドはまだ、一般家庭では珍しいものでした。ですから、文面から思い浮かぶママごとの情景がとても新鮮で、そんなふうに母子でやり取りをしているのか、と思うと自然に胸が熱くなった憶えがあります。

会員は県別、年齢別、誕生月別に分けてファイルを作成し、それをもとにお誕生日カードやバーゲンセールの案内などを発送しました。

1971年5月3日には、よみうりランドに設置した実際の大きさの「リカちゃんハウス」で、第1回「リカちゃん」誕生パーティーを開きました。手品やゲームに続いて、テイチクから〝香山リカ〟としてデビューした少女歌手が、「リカちゃんのタンゴ」という曲を舞台で歌い、パレードやサイン会など、女の子たちはもう、舞い上がっ

Memory of Licca ②

“六本木・リカちゃん”と書けば手紙が届いた

文珠四郎義博さん（文珠デザインスタジオ代表）

「リカちゃんハウス」を運営して「リカちゃんフレンド」を発行しておりましたが、初代「リカちゃん」の時代には毎日のようにお母様とお子さんからファンレターが届きました。手紙はスタッフ全員が丁寧に目を通しましたので、お母様方が何を考えているか、女の子が何を愛しているか、といった想いを細かに共有することができました。

「リカちゃんハウス」からは誕生日カードの他に、クリスマスカードや年賀状を送っていましたが、女の子達からも山のように年賀状が届きました。当時は自宅でデザイン事務所と「リカちゃんハウス」を運営していましたが、九州のトラック運転手の方が、子どもに頼まれたといって“リカちゃんハウス”を訪ねてこられたこともあります。数年前までは、“六本木、リカちゃん”と書いただけで、全国どこからでも手紙が届けられたものでした。

文珠デザインスタジオでは、まんが雑誌に掲載した「リカちゃん」の広告も手がけておりましたが、広告代理店の方とタカラを訪ねると、毎回、佐藤社長（当時）と小島さんのお二人が、1枚の広告デザインに関して1時間も2時間も、ああでもないこうでもないと議論を交わされていたのが懐かしい思い出です。

当時の女の子が、“これはわたしのものよ”と言う中心には、いつも「リカちゃん」と「リカちゃんハウス」がありました。現代は、夢が多様化したとも、夢の持って行き場所が難しくなったともいえる時代です。そんな時代だからこそ、「リカちゃん」には理念を持って、歩んでいって欲しいと応援しております。

て喜んでいました。東京を中心に約３０００人の小さなファンが集まってくれたのですが、この日、詰めかけたのも「リカちゃんフレンド」の会員たちでした。

「リカちゃん」、どうして人気なの？

では、「リカちゃん」の人気は、どうしてこれ程までに大きくなったのでしょうか。

わたしは、三つの好機に恵まれたからだと思います。

まずひとつは、塩化ビニール（ソフトビニール）という新素材の登場により、人形がより精巧に作られるようになったことです。塩化ビニールの人形は、さわった感じが人肌のように柔らかく、布ともセルロイドとも違って、一種の衝撃を与えるものでした。

二つ目は、当時の母親がそれを見て、「わたしが子どもの頃には、こんなお人形なかったわ」と、「リカちゃん」をはじめとする着せ替え人形を好意的に受け入れてくれたことです。その頃は子どもが、「みんなが持っているリカちゃんが欲しい」とねだると、少し家計をやりくりしてでも、人形を買ってあげる母親が多かったような気がします。戦中戦後に子ども時代を過ごした母親たちは、自分が味わえなかった楽しみを子どもには与えてあげたいと考えたのでしょう。また、子どもと一緒になって「リカちゃん」で遊び、少女時代に戻っているお母さんもたくさんいました。

三つ目は「リカちゃん」を最初に手にした、１９６７（昭和42）年に10歳、11歳、12歳だった女の子たちが、人形を遊び尽してくれた、ということがあります。わたしは人形が好きな人を、その人はコレクターなのか、プレイヤーなのかと考えます。当時の女の子は、圧倒的にプレイヤーが多かった。人形さえあれば、自分たちで勝手に遊びを生み出していくのが得意でした。彼女たちの話を聞くと、これでもかというほど「リカちゃん」に触れて、こねくり回してくれています。わたしが、これまでに聞いた話の中から、いくつかを紹介しましょう。

○お人形遊びをする時は、舞台を決めて役柄を決めて始めます。それでお話を作って、行き詰まったらまた最初から。今日はお城で舞踏会、わたしはお姫さま、一緒に遊んでいるお友達は隣りの国のお姫さま、それで、妹は召使い。そうすると妹がすぐふくれるので、次はお姫さまっていうふうにしていました。

○リカちゃんは首がぬけやすくて、ぬけたり、はめ直したりを何度もくり返していたら、顎《あご》の横のところがパカッと裂けてしまったんです。かわいそうなので、針と糸で縫ったら、強面《こわもて》の人になってしまいました。

○夜一緒に寝る時は、リカちゃんを裸にしてパンツ一枚にして、それだけだとかわいそうだから、きれいなハンカチに包んで一緒の布団に寝ていました。お洋服はよそ行きのものだから、布団に入る時は脱がなきゃいけないと思ったんです。そのあと母が、ぶかぶかのワンピースの寝巻きを作ってくれました。

今のようなアミューズメント施設もない時代、当時は他にのめり込めるものも少なかったから、女の子たちは「リカちゃん」に強烈に共鳴してくれました。「リカちゃん」のことならなんでも知りたがったし、「リカちゃん」のことを心が通っている本物の友達のよ

あなたならどおする……

ある日のリカちゃんのお話

リカね，鉄棒《てつぼう》ができないの。さかあがりとってもむずかしくて……いつも体育《たいいく》の時《とき》，のこされて練習《れんしゅう》やらされるの。何度《なんど》も何度《なんど》もくりかえしやっても，どおしてもくるりと１回転《かいてん》できなくて……リカこわがりなのかなあ——。リカ鉄棒《てつぼう》だいきらい………

今日《きょう》は鉄棒《てつぼう》のテストなの。リカ学校《がっこう》に行《い》きたくない！また最後《さいご》までのこされて……リカ泣《な》きだしちゃう。

「リカちゃん！早くしないと学校におくれるわよ！」

ママの声だわ。そうだ。ケ病《びょう》つかっちゃお。

「ママ，リカおなかがいたいの」「どおしたのかしら。きのうのおかずがあたったのかしら……？とにかく薬《くすり》をのんでねてなさい」ママはとっても心配顔《しんぱいがお》。ケ病《びょう》だとわかんないようにうまくごまかしちゃった。リカ，ベットの中《なか》でゆめ見《み》たの。だれもいない放課後《ほうかご》，リカ１人でポツンと鉄棒《てつぼう》をながめてたの。それから一生懸《いっしょうけん》命《めい》，さかあがりの練習《れんしゅう》したの。鉄棒《てつぼう》をギュッとにぎって，おもいきり足《あし》でけって……途中《とちゅう》まではなんとかあがるんだけど，そのあと　どおしても１回転《かいてん》できなくて，リカ地《じ》ベタにすわりこんじゃった。汗《あせ》でびっしょり。

次々ページへつづく

ママ【ブルース】
リカ【パリ娘】

うに扱ってくれたのです。女の子の手紙の中に、父親が出稼ぎにいっている子や両親の離婚で父親が不在の子どもから、「リカちゃんもわたしと同じだと思って慰《なぐさ》められた」という手紙が届きました。「リカちゃん」のパパを行方不明の設定にした時、抗議がくるのではないかと心配したので、ちょっと救われた気がしました。

わたしは、「リカちゃん」が初めて出会った子どもたちが、'67年に10歳、11歳、12歳の女の子であったことは、とても幸運だったと思っています。今思うと、あの時代のあの子たちとでないと成立しない〝熱〟が確かにあったのです。

「リカちゃん」ファンの低年齢化

「リカちゃん」の発売以来、わたしたちは、毎年新しい商品を投入していきました。発売翌年、1968（昭和43）年の「リカちゃんトリオ」、'69年にはきれいなやさしい「ママ」（名前は織江《おりえ》さん、ファッション・デザイナー）や、「いづみちゃん」の妹のおちゃめな「くるみちゃん」、「わたるくん」の弟のわんぱくな「ごろちゃん」。また、'68年には、子ども部屋の付いた「リカちゃんハウス」が、'71年には階段と屋上庭園の付いた「リカちゃんマンション」が登場します（当時の〝マンション〟は、今よりもずっと高級なイメージのある、憧れのものでした）。

「リカちゃん」の販売数も、１年目の48万体、２年目の１４４万体、３年目の１７４万体と増加していきました。’60年代後半は、「国民の9割が中流意識をもっている」といわれた時代です。「リカちゃん」が大人気となり、地方のデパートや町のおもちゃ屋に拡がると、それまでは都会の裕福な家の子どもが中心だったファッションドールの愛好者層が、一気に庶民の家の子どもたちに拡がりました。

当時の女の子は、「リカちゃんとハウスを持っているのはお金持ちの家の子、リカちゃんを持っているのは普通の家の子、なにも持っていないのは貧乏なお家《うち》の子」と、子ども

あなたならどおする……

ある日のリカちゃんのお話

もう１度《ど》やってみよう。もしかしたら鉄棒《てつぼう》からおっこちちゃうかもしれないけど，勇気《ゆうき》を出《だ》して……

リカおもいきり声《こえ》を出《だ》してやったの。。イチ　ニのサン！

それ！　できた！　できた！　１回転《かいてん》できたのよ。

鉄棒《てつぼう》の上《うえ》でピンと胸《むね》をはって……ああ――空《そら》があんなに近《ちか》くて，あんなにまっ青《あお》よ！リカ！おめでとう！

やればなんだってできるのよ！勇気《ゆうき》と努力《どりょく》よ！バンザイ
「リカちゃん！どおしたの？体中汗《からだじゅうあせ》びっしょり，大変《たいへん》だわ！お医者《いしゃ》さんよばなくっちゃ……「ママ！　ちがうの！　リカ　さかあがりのテストがあるんで学校《がっこう》に行《い》きたくなかったの……。　でも，もしかしたら，今《いま》だったらできるわ。リカ，できそうな気がすんの！

遅刻《ちこく》しちゃったけど，体育《たいいく》の時間《じかん》にはまにあうわ！

ママ！うそついてごめんなさい。ママ，心配《しんぱい》かけてごめんなさい！」「リカちゃん。だれにだって得意《とくい》，不得意《ふとくい》なものはあるのよ。でもきらいだからってしりごみしてたら何《な》んにもできない子《こ》になっちゃうのよ。これからは，どんな小《ちい》さななやみも，ママに相談《そうだん》してね，かいけつ方法《ほうほう》はいくらでもあるのよ。」

「わかったわ　ママ！　いってきまーす！」


（ブックレット中頁より）

ママ【ブルーラグーン】
リカ【ウエストポイント】

心に感じていたとよく聞きます。

他社からもたくさんの人形が発売されていました。全面的にモデルチェンジされた新しい「ツイスト・バービー」（マテル・'67年）、「スカーレットちゃん」の妹「カンナちゃん」（中嶋製作所・'67年）、はい、いいえと首を縦と横に振る「イエスノー ミニー」（ツクダ・'68年）、「カンナちゃん」の友達「すみれちゃん」（中嶋製作所・'68年）。

こうして女児向け人形市場が拡大する中で、「リカちゃん」で遊ぶ女の子たちの年齢層は、はじめの小学校5年生から3年程で小学校1、2年生へ下がっていきました。これは当然のことで、4、5年生のお姉さんが遊ぶのを見て妹たちも欲しがるし、広め役と呼ばれる3年生が上級生の真似《まね》をして遊び、下の学年に広めていくのです。そして一番はじめに「リカちゃん」で遊んでいたお姉さんたちは「リカちゃん」を卒業していきます。

愛好者層の年齢が下がり、人形が幼い子どもたちにまで行き渡るようになると、売上げは急には落ちませんでしたが、じわじわと熱が冷めていくのを感じていました。

お姉さんたちの人形

わたしたちは、小学3年生の「リカちゃん」で遊びなれた女の子たちが、次に喜んで欲しがる人形を作れないかと真剣に考えはじめました。「リカちゃん」の発売から3年が過ぎようとしていた1970（昭和45）年のことです。「リカちゃん」が小学2年生までにこれだけ普及した今、3年生より上の女の子が、「これはわたしのお人形よ」とプライドを持てるものがなければ、女の子たちがどんどん人形遊びから離れていってしまうと危惧《きぐ》したからです。

その頃の「リカちゃんチーム」は「二課」へと姿を変え、人員も照井さん、富田君、沓沢君、それに細谷《ほそや》君を加えたメンバーになっていました。

わたしたちが考えたのは、大きい人形の発売です。

5頭身で身長21センチの「リカちゃん」に比べ、8頭身で身長約30センチという「バービー」のようにスタイルの良い人形は、長い手脚を生かして、おしゃれなドレスを自在に着こなすことができるのです。「バービー」はその頃、日本市場での展開を縮小しつつありましたから、他社に先手《せんて》を打たれる前に、タカラが少女たちの憧憬《しょうけい》を形にした〝大きい人形〟を作ろうと考えたのです。3年前、小さいサイズの「リカちゃん」を出したわたしたちが、です。

「ママ」の体に「リカちゃん」の顔をつけると、身長28センチ、8頭身ですらりと脚の長い〝大きいリカちゃん〟が生まれます。それを子どもたちに見せると、特に3年生から5年生の反応が良かった。社長も独自の聞きこみで、4、5年生にうけたと語っていました。

社長をはじめ周りの誰もが、「大きな人形はいける」との感触をもち始めていました。けれど、すんなり前に進めない、考慮すべき点がいくつもあったのです。「リカちゃん」やトリオのシェアが食われてしまうのではないか、まったく別のネーミングにするのか、それとも「リカちゃん」が成長して大きくなったとするのか。今年はこのまま様子を見て、来年売り出したらどうか。

わたしはこの頃、1970年5月、自分の考えをまとめた1枚のレポート用紙を、佐藤社長に渡していました。少し長いのですが、全文紹介しましょう。

小学3年〜5年生（8才〜10才）の大多数はリカちゃんをもっている。彼女たちは3年前（小島注、「リカちゃん」が発売された）、5才〜7才であった。リカちゃんファンとして真先に飛びついたパイオニアである。彼女たちはママでは満足しない。それは幼い時遊んだリカちゃんの延長であり、妹たちがすでに毎日のように遊んでいるから、ちょっぴり大人になった自分たちの背伸びしたプライドに抵抗がある。

まずこれを解消してあげると同時に大人的内容を大切にしてあげることです。

それは、リアル（精巧さ）、流行に敏感、美しくなりたい、大人みたいなドレスが着たい、憧憬、願望。これらがピッタリ盛り込まれている人形がこのニューリカです（同、

2代目「リカちゃん」の「ニューリカちゃん」ではなく、ここでは新しい人形、すなわち大きな人形の意)。

リカちゃんを卒業し、リカちゃんに親しみのある彼女たちを、見事に調査で捉《とら》えることができました。

例えば3年前、髪の色を調査した時、圧倒的強さのあま色は陰《かげ》もなく、徹底的に嫌われた金髪が彼女達の目を奪い新鮮に映る結果となりました。染毛の普及により巷での髪の色は色とりどり。ハーフ(同、ハーフモデル)の出現、カラーテレビに映る歌手たちの色をみても、うなずける訳です。

では、6才の一年生はどうでしょうか。なにがなんでもリカちゃんであり、ニューリカに対しては明らかに拒絶反応を示しました。自分のおともだち、仲間として、リカちゃんトリオを受け入れている。今や完全なアイドルキャラクターとして、定着しました。

そして、母親の知名度は、東京、大阪、名古屋で99・8%と調査員を感服させた強力なバックアップがあることからしても、安定商品といえるでしょう。

私達はセグメントとしたTV、雑誌、パッケージ説明文に至るまで、十二分に注意をして、活動します。そして、総体的なリカという二文字のイメージアップを立派に果たしたいと、リカちゃん発売時の心意気に燃えています。

ニューリカは、買増しではなく、新客層への訴求（開拓）です。リカちゃんのブレーンを集結し、第二期黄金時代の第一歩と決意しております。
皆様の御協力をぜひ切望します。

今ふり返ると、これはわたしが社長に宛てた、決意表明です。
1966年の12月14日、社長の決意が記されたノートを渡されてから3年半、わたしはやっとここで、自分の思いを社長に打ち返すことができたのかもしれません。

その3年半の間に、世間ではアポロが月面着陸し、日本では学生運動が盛んになり、邦画では「男はつらいよ」が始まっていました。当時大阪では日本万国博覧会が、ちょうど開催中です。またタカラは、'68年に「人生ゲーム」を発売。このレポートの翌月（'70年6月）には後に大ヒットする男児向け人形の「GIジョー」を発売しようとしていた時でした。

社長は、大きい人形を「全面的に進めてよい」とゴーサインを出してくれました。
大きな人形の名前は、もう大人のレディという意味をこめて「レディリカ」。「リカちゃん」の姉妹などではなく、「リカちゃんが大きくなったら、こうなるんじゃないかしら?」というイメージの、もうひとりの「リカちゃん」です。フルネームも、「北原理香」という名前をちゃんと用意しました。

流行の最先端をいく女の子というイメージで考えていましたから、とにかく髪と洋服にはこだわりました。ヘアスタイルは、膝《ひざ》まで届くほどのストレートロングヘアー、色はブロンドやブラウンなど全5種類。今ではこんな髪色も珍しくはありませんが、当時はかなりイカしてたんですよ。

また子どもへの調査で、「2年生はパンタロンは知っているがミニを好む。マキシは知らない。4年生は圧倒的にマキシをカッコいいと支持している」ということが分かりました。それでマキシやジャンプスーツなど、海外で流行《はや》っている最先端のファッションをどんどん取り入れていきました。

【たのしいフリル】

リカちゃん

香山リカ
小学5年生
11歳
（お母さん　日本人
お父さん　フランス人
height 21cm

レディリカ

北原理香
高1（ミッションスクール）
16歳
（お母さん　日本人
お父さん　フランス人
height 28cm

【ロイヤル】（ミニベスト欠け）

ほぼ等身大

☆☆☆☆☆＝顔の大きさは同じ

この日をまっていた「レディリカ」登場！

1970年の7月下旬、今日から大人のレディ、社交界にデビューしたハーフの女の子「レディリカ」が誕生しました。

・今日から大人のＬａｄｙ《レディ》リカ
ハロー!!　おとなっぽいあなたにピッタリのＬａｄｙ《レディ》よ　ニュールックのドレスをいっぱいもって　きのうパリからジャンボでとんできたんです。あなたの前《まえ》にさっそうとデビューしたＬａｄｙ《レディ》は　すこしテレちゃってドキドキしているの。すぐにＬａｄｙ《レディ》にあってほしい…そして…あなたの胸《むね》にだきしめて…　あなたはきっとつぶやくわ、Ｌａｄｙ《レディ》がこんなにすてきだなんて　ユメのよう…って。
（「レディリカ」新発売の広告、「週刊少女フレンド」掲載）

「レディリカ」は、16歳の高校1年生。ミッションスクールに通っていて、父はフランス人、母は日本人のデザイナー、好きな色はチェリーピンク、趣味はレース編みとボーリング――。

高原《こうげん》の緑《みどり》、アルプスの少女《しょうじょ》

「花のトリオ ファッションブック」より。36は「アヤ」、38は「ジュン」。

「レディリカ」を送り出し、わたしたちは息を呑《の》むように動向を見守りました。

7月21日に地方、22日に都内で「レディリカ」を発売し、店頭に並んだのは23、24日頃、そして早くも27日には商品に同封したアンケートハガキが6通、返ってきました。

年齢は9歳が3名、7歳が2名、6歳が1名。9歳（小学3、4年生）を捉えたことは、まずまずの結果です。

同29日にはアンケートが17通返ってきて、7歳から10歳が11通、3歳から5歳が6通（6歳はゼロ）。なかでも9歳が5通と一番多く、狙いどおり！

まだ雑誌広告やテレビコマーシャルが始まる前でしたが、小学校3、4年の「リカちゃん」で遊ぶのをやめた子どもが、ふたたび

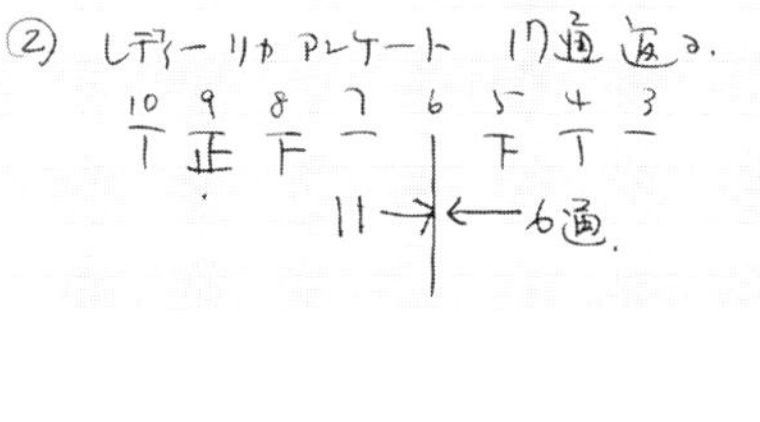

（'70年7月29日の著者の業務ノート）

「レディリカ」を手に取ってくれたのです。

少女たちはアイドル歌手に夢中になるように、「レディリカ」に熱狂してくれました。この子たちは小学校1、2年で「リカちゃん」の洗礼を受けた目の肥えた子どもなのです。こちらも「リカちゃん」で成長したタカラの面々が直球勝負を挑んだのですから、それは当然のことでした。

「レディリカ」は発売すぐに好調な出だしを見せ、発売1年目には「リカちゃん」の48万体を超えて約56万体を出荷しました。ただこれは、「リカちゃん」が販路を拡げた間《けん》口一間のおもちゃ屋さんにも「レディリカ」がストレートに入っていったということがあるのかもしれません。

「レディリカ」は確かに2度目の黄金期を作ってくれました。一時は出荷数が「リカちゃん」と五分五分になることもあったのです。翌'71年には、共にハーフでアメリカンスクールに通うお友達の「ジュン（花園順子）」と「アヤ（白川彩）」が登場し、「花のトリオ」を結成。当時、大流行していたホットパンツにハイソックスというスタイルを「花のトリオ」にも着せたり、100ページ（！）の「ホットブック」なるブックレットを人形に付けて、ファッションや三人の出会いなどを詳しく紹介していきました。

「リカちゃん」の流れにのって送り出したトリオたちとは別に、やはり「レディリカ」には格別の思い入れがあります。それは、社長から独り立《ひと》ちして、わたしが自分の力ですべてを手懸けた商品であり、「リカちゃん」で市場を開拓し、少女の好みを研究し、そして大きな自信をもって送り出した人形だからです。その頃の業務ノートに、わたしは、こんな言葉を書きなぐっています。

「今年はレディリカでいきます。2カ月やってみれば、その結果は出る」

その瞳に時代を映す

「花のトリオ」を送り出した頃、わたしたちは「リカちゃん」のファンに、きちんと向き合う覚悟を決めました。「リカちゃん」の対象年齢の中心を10歳（小学4、5年生）から低学年へ下げることに決めたのです。それまではお人形で遊ぶ女の子の年齢が下がっても、それを食い止めたいとの思いから、対象年齢は下げずにいました。わたしたちは情報のプログラムを早急に組み替え、ブックレットの内容も、恋愛やファッション、世界旅行といった憧れの強い話から、ままごとを中心に、家庭や学校生活など、より身の回りの話題に替えていきました。

女の子たちは、日々変化している。「リカちゃん」は、そのすぐそばを歩いているのです。

「リカちゃん」と女の子の物語は、このあとも長く続きます。わたしが話したいことも、まだたくさん残っておりますが、わたしの「リカちゃん」の話は、初代「リカちゃん」がゴールを迎えるこの辺りで終ることにします。あの頃の女の子たちは本当に、少女らしい少女たちでした。わたしにとってあれほど密接に女の子たちと向き合った日々は、やはり初代「リカちゃん」の時代をおいて、他にはなかったのですから。

この後、1972（昭和47）年には、思い切って「リカちゃん」のモデルチェンジを行い、瞳の星が三つに増えた2代目「リカちゃん」が登場します。髪につけた白バラのヘアピンがトレードマークで、マグネット付きのシューズを履いていました。とても有名な白樺《しらかば》学園に通いだしたのはこの頃です。1982年には、ストレートロングヘアーで耳にピアスを付けた3代目「リカちゃん」が登場、1987年には身長が1センチ伸びた4代目「リカちゃん」へとバトンタッチし、現在にいたります（110、111頁参照）。

ボーイフレンドの人形も、初代の「わたるくん」から、2代目「マサトくん」、3代目「イサムくん」、4代目「かけるくん」へと交代し、2008（平成20）年には5代目の「レンくん」が登場しました。また1989（平成元）年には、行方不明だったお父さん、ピエールの人形「リカちゃんのやさしいパパ」が登場し、マイホームパパの時代に「リカちゃん」にもパパが登場したと話題になったものです。

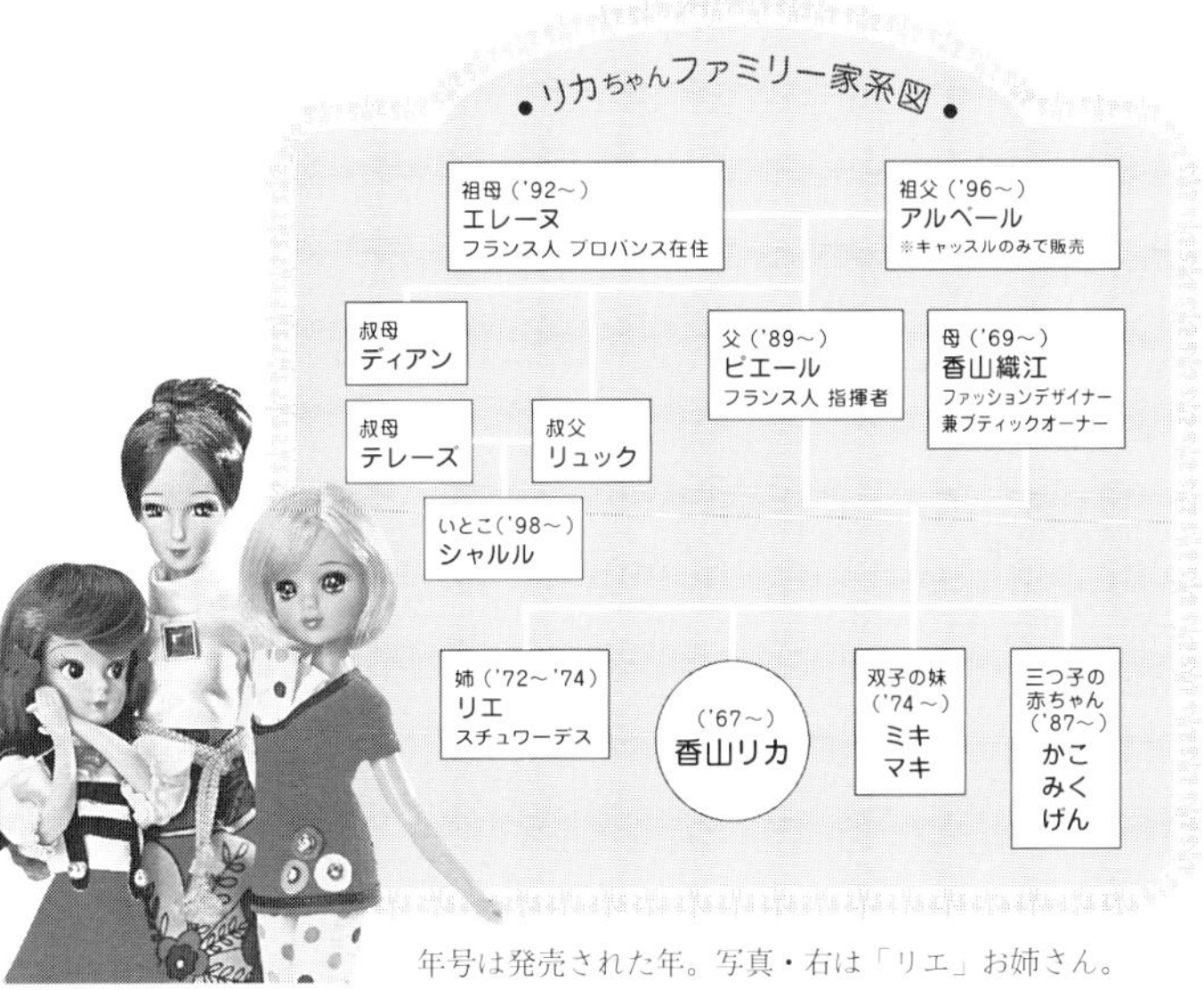

●リカちゃんファミリー家系図●
祖母（'92～）
エレーヌ
フランス人 プロバンス在住
祖父（'96～）
アルベール
※キャッスルのみで販売
叔母
ディアン
叔母
テレーズ
叔父
リュック
父（'89～）
ピエール
フランス人 指揮者
母（'69～）
香山織江
ファッションデザイナー
兼ブティックオーナー
いとこ（'98～）
シャルル
姉（'72～'74）
リエ
スチュワーデス
（'67～）
香山リカ
双子の妹
（'74～）
ミキ
マキ
三つ子の
赤ちゃん
（'87～）
かこ
みく
げん

参考資料「タカラノタカラ」他

年号は発売された年。写真・右は「リエ」お姉さん。

2代目の「リカちゃん」の途中で、わたしは現場を離れることになりました。しかし、その後も社内に「リカちゃんを守る会」を立ち上げて、「リカちゃん」をそっとかげから見守ってきました。1994年にタカラを退社しましたが、今は縁あって、「リカちゃんチーム」の顧問を務めさせてもらっています。

現代の「リカちゃん」はきらきら輝いていて、まるでアイドルのよう。今にもパフォーマンスをしそうな姿が、子どもたちにとっては憧れなんでしょうね。現在はハートヒルズ学園のモデルコースで勉強しながら、ウォーキングの練習にオーディションにと、日々がんばっているそうです。

少女たちの憧れには、終りというものがないのです。

手の内文化

「リカちゃん」を発売してしばらく経《た》った頃でしょうか、新聞の投書欄に父親からの１通の手紙が掲載されていました。「リカちゃんの洋服は高すぎる。おもちゃなのに、大人の洋服が買えるくらいの値段なんて、おかしいのでは……」

大人の考えに対し、わたしたちはおもちゃメーカーとして、子どもの目線から見たおもちゃとは何なのか、考える必要があると感じました。それ以前に、「おもちゃ」という言葉には、「おんなの人をおもちゃにする」「おもちゃ、おもちゃしている」など悪い意味の語感が多分に残っていて、おもちゃのイメージを再構築する必要があると感じていたのです。

１９７５（昭和50）年、タカラは子ども調査研究所と協力し、〝おもちゃ〟とはなにかについての考えを『おもちゃ読本』（子ども調査研究所著、株式会社タカラ発行）という１冊の本にまとめました。この本に書かれているエッセンスをもとに、わたしのおもちゃに対する考えを述べさせてください。

まず、おもちゃとはなにか？　それは子どもたちが、遊びを通して、無限のイマジネーションの世界へ飛んでいける扉のような存在です。まんがやアニメを通じて空想を描く子どもたちはたくさんいるでしょう。しかしそんな2次元の世界の扉を開くには、より抽象的に物事を考える力が必要なのです。その点、3次元の人形やおもちゃは、触れたり動かしたりすることでイマジネーションが湧《わ》き上がるのを導いてくれる。幼児にとってはそんな存在が必要なのであり、遊びを〝投げ出す〟前の手助けになってくれるのです。

　人形で遊ぶ子どもたちを観察していて、面白いことに気付いたことがあります。「リカちゃん」のお人形だけしかない時は、子どもたちは部屋の隅で遊ぶのに、「リカちゃんハウス」があると部屋の中央に陣取って遊ぶのです。ハウスは人形の世界、すなわち子どもにとっては空想の世界が実物として現れたものです。ですから子どもたちは、すぐに遊びのスイッチが入って気兼ねなく遊ぶことができるのでしょう。それに、子どもは、お人形でも車でも、一度遊び始めると、今その空間にいるのではなく、まったくの遊びの世界にいるのです。だから、母親が話しかけても答えないのは当然のことで、どうか夢の中にいる子どもたちを理解してあげてほしい。そして、おもちゃは、そんな目に見えない世界とつながっている存在なのだから、大人の物指しだけで、「値段が高い」とか「必要ない」と、簡単に考えないでいただきたいのです。

　また、この本の中では、女の子の遊びと男の子の遊びを考察し、女の子の遊びは「手の内文化」だと述べています。女の子の遊びは、両手で人形を抱く、寝かせる、そしてお手玉のように一度投げても手の中に返ってくる、というように〝手（腕）の中〟のものが多い。それは自然と、「慈《いつく》しむ」「愛する」「親しむ」といった心の動きを育《はぐく》むことにつながるのではないでしょうか。一方で、男の子の遊びは、〝手の外〟が中心です。ボール投げ、飛行機飛ばし、凧揚《たこあ》げ、自動車ごっこ。おもちゃは手の外にあって、外に向かって飛び出していく。だから男の子はものを足でどかしても平気ですが、女の子は手の中の人形を足でつつくなど、そんなことはやりません。

また、とくに幼い女の子たちは、お母さんの真似をしようとする。母親が自分の髪をとかしてくれるように、人形の髪をとかし、台所に立つ姿を見れば、人形を動かして家事の真似をする。そうやって母が子どもに注ぐ愛情を模倣していくことで、ものや人に対する「やさしさ」「思いやりの心」を体験していくことが、できるのではないでしょうか。

わたしは個人的に、「おままごと」の〝ままごと〟を〝ママごと〟と言っていますが、それは、このような母子の姿を表してのことです。手持ちの辞典には、「【飯事《ままごと》】幼児がおもちゃで炊事や食事など家庭生活のまねをする遊び。」（新潮現代国語辞典）とありますから、元来の意味する所もそう変りはないのではないか、と察します。しかし、これだけ生き方のありようが多様化した現代では、「ママごと」はひとつの例であって、みなが「ママごと」遊びをしなければいけないと言っているのではありません。ただお人形の「ママごと」遊びには、こんな側面があるということも憶えておいてほしいのです。

「リカちゃん」ありがとう

あの頃わたしたちは、何もないところから人形作りをスタートしました。町工場《まちこうば》から見よう見真似で始め、人と知り合い、教えてもらい、体験し、身に付ける。そのくり返しで、1967年のあの日に、「リカちゃん」を送り出すことができたのです。わたしや照井さんも何も知らなかったけれど、社長やタカラという会社にも、そんなノウハウはありませんでした。ですから当時、材料は、製造法は、デザインは……、とこと細かに教えてくださった方、協力してくださった会社の方々に心よりお礼を申し上げます。

あの頃の下町はそんなところだった、などという言葉では片付けられないぐらい、小さな工場《こうば》にもたくさんお世話になりました。

そして、問屋さん、おもちゃ屋の店員さん。おもちゃ業界、とくに女児玩具の分野では、業界をあげて「リカちゃん」を見守っていこうという雰囲気があった。応援団の店員さんも多く、売り場を飽きさせないようにと、ディスプレイやイベントと、いつも気を配ってくれました。

そして、なんといっても女の子たち。いい大人が何日もかけて議論していることに対して、いつもなんの変哲もなく答えに導いてくれた。「リカちゃん」は女の子たちの手によって、心によって育まれてきたのです。

初代の「リカちゃん」で遊んだ女の子たちは、ファッションドールから着せ替え人形へと進化した、人形の良さ、楽しさを初めて経験した世代の女の子です。人形遊びを通して、自分では着られない服や生活を、身近に感じていたのではないでしょうか。そうすれば、ぬり絵にしても使う色が変る、落書きの絵も変ってくる。その世代の女の子が、結婚して子どもをもったのが、今という時代です。

「リカちゃん」は今のあなたたちの生活や流行に、どんな片鱗《へんりん》を残しているのでしょうか。わたしはそれが、とても気になって仕方がないのです。

人形作りに没頭したあの頃、わたしや照井さんは毎日、社長のもとで、がむしゃらに働いていました。次から次に追いかけられて、「リカちゃん」だけで20代を駆けぬけました。本当にいい時代に駆けぬけた。あの時、人形を作ると決めた社長はまだ40歳そこそこでしたが、わたしは今この歳になって、そのことの凄《すご》さを真に感じることができるのです。インタビューなどで、小島さんは「リカちゃん」の産みの親ですね、と訊かれると必ずわたしはこう答えます——「産みの親は社長です。わたしは言わせてもらえば、育ての親です」と。
本当は、照井さんをここに引っ張りだしてきて、一緒に語り尽したかった。照井さんは数年前に他界されましたが、生きていたらあの寡黙な照井さんも、いつまでも話し続けたことでしょう。わたしにとっては「リカちゃん」がわが子、照井さんにとっては「リカちゃんハウス」が、わが子なのですから。

――最後に、「リカちゃん」、これまで本当にありがとう。
今あらためてふり返ると、「リカちゃん」がもたらしてくれたものは、何ものにも代えがたいぐらい大きかった。会社の存亡の危機を救ってくれたことはもちろん、わたしを含めて、当時のタカラの人間は「リカちゃん」のおかげで、もの作りとは何か、マーケティングとは何かといった仕事の基本を、知らず知らずのうちに身に付けていくことができたのです。そして、「リカちゃん」を通して、わたしたちは日本中の女の子と語り合うことができた。夢とか、憧れとか、悩みとか、何が好きかとか……。

「リカちゃん」、これからもずっと、
女の子たちと仲良く夢を見続けてください。

あとがきにかえて

わたしの自宅の居間には、真っ白いウエディングドレスを着た「リカちゃん」が二人、「リカちゃん」たちにはさまれるように「リカちゃんのパパ」が飾られています。

一昨年、娘二人が相次いで結婚した時に、昔の部下の「リカちゃんチーム」の面々がプレゼントしてくれたものです。「リカちゃん」が着ているドレスは、娘たちが実際に結婚式で着たドレスのデザインに似たものを、特別にオーダーし、作ってくれたそうです。娘たちはものすごく喜び、同じ「リカちゃん」を持って嫁《とつ》いでゆきました。わたしも、その人形を目にするたびに、「リカちゃん」と過ごした濃密な時間を思い返しています。長いようであっという間の日々でした。

わたしは「リカちゃん」の「ママ」を発売した1969（昭和44）年に結婚しました。お色直しの入場曲はもちろん、♪「リカちゃんのママはステキなママ……デザイナーのママ」♪、という「ママのうた」です。実は結婚前から、ひとつだけ決めていたことがあります。

「もし、娘が生まれたら〈リカ〉と名付けたい」

妻にも最初からそう話していたので、特に反対されることもなく、長女は〈里香〉と付けました。次女にはごく普通の名前を付けたのですが、「お姉ちゃんだけ、ずるい」と幼い頃からよく文句を言われました。下の子は「いづみ」と付ければよかったでしょうか。

でもそこまでやったら、もうまんがの世界になってしまいます。

最初は、男なのに人形作りをするなんて、と内心抵抗がありました。「仕事は何をしているのですか？」と訊かれて、「人形をやっています」と答えたら、雛《ひな》人形を作る人形師と間違われたこともあります。それが「リカちゃん」と一緒に走っていくうちに、もう「リカちゃん」のいない人生など、考えられなくなってしまいました。

二人の娘の上に長男がおり、三人の子どもを授かりましたが、自分の子どもたちの面倒は妻にまかせきりでした。子どもが大きくなってから、家内に「お父さんは何もしてくれなかった」と言われ、反省したことがあります。休日出勤も多かったし、休みの日でも子どもたちを近所の公園に連れて行くくらいしか、しなかったのですから。子育てだけでなく、お袋の世話も妻にまかせきりでした。今、「リカちゃんチーム」の若い者には、「休日は必ず休みなさい。子どもと向き合える時間は限られているんだから」と言っています。

家内には、今はあれこれとサービスをしているつもりです。スーパーへお供したり、二人でゴルフをプレーしたり。面と向かうと照れくさいので、この場をかりて妻にもお礼を言いたいと思います。

今までわたしを支えてくれて、ありがとう。おかげで、もうひとりの娘「リカちゃん」を無事に育てることができました。

Thank you!

本書で登場するブックレット以外の初代「リカちゃん」をはじめとした人形の写真（ドレス類含む）は、記載のあるものを除き財団法人日本玩具文化財団が管理・所蔵するものを撮影・掲載いたしました。

これらの人形は一般の方による寄附を中心に集められたもので、日本玩具文化財団では寄附していただいた人形を“玩具と遊び”に関する文化研究と普及活動の一環として、展示会をはじめとした事業で広く活用させていただいております。

同財団専務理事である著者より、人形を寄附していただいた方々に、この場をかりて心より御礼申し上げます。

2009年4月吉日

アートディレクション
&デザイン …… 大沢寿恵

撮　影 ………… 飯田かずな
溝口清秀（株式会社千代田スタジオ）

構　成 ………… 萩原絹代

特別協力 ………… 株式会社タカラトミー
財団法人日本玩具文化財団

協　力 ………… 株式会社文珠デザインスタジオ
リカちゃんキャッスル（リトルファクトリー株式会社）
タイヘイ株式会社
株式会社シバ
キッチュ／松本きよみ
関谷千代子
小俣彩葉
オムニヴァーグ
リンダ／ドウニモトマラナイ

「お菓子の家」 福田里香・作
撮影 野川かさね

JASRAC 出0903107-703

※カラー頁や本文中に登場する【 】表記は、発売時のドレスの名称です。
※ブックレットの写真を除き、人形の髪に付いたリボンは発売当時のものではなく、人形の現存状態を考慮して撮影時に装着したものです。
小物にも一部、初代「リカちゃん」の発売当時の商品ではないものが含まれておりますが、ご了承ください。

〈主な参考文献〉

『生誕35周年記念 リカちゃん大図鑑 愛蔵版』（ヌーベルグー 2002年）
『タカラ・リカちゃん』（デザインの解剖；3）佐藤卓（美術出版社 2002年）
『リカちゃんと昭和のファッションドールたち』著・監修／中村双葉（ネコ・パブリッシング 1997年）
『永遠のリカちゃん～“リカ・カルチャー”コレクション～』企画・監修／増渕宗一
協力／（財）佐藤玩具文化財団（みくに出版 1992年）
『LICCA FOREVER』ケイブンシャの大百科別冊（勁文社 1992年）
『リカちゃんハウスの博覧会 ── マイホーム・ドリームの変遷』企画／INAXギャラリー企画委員会
監修／増淵宗一（INAX出版 1989年）
『リカちゃんの少女フシギ学』増淵宗一（新潮社 1987年）
『リカの想い出：永遠の少女たちへ』香山リカ，土肥睦子編（ネスコ発行 文藝春秋発売 1986年）
『リカちゃんコンプレックス』香山リカ（太田出版 1991年）
『お人形図鑑 思い出の昭和30～40年代』たいらめぐみ（河出書房新社 2004年）
『おもちゃのメーカーと問屋の歴史と今がわかる本』（東京玩具人形問屋協同組合トイジャーナル編集局 2003年）
『おもちゃ読本』子ども調査研究所（株式会社タカラ 1975年）
『タカラノタカラ』監修／株式会社タカラ（2006年）

著者紹介

小島康宏（こじま・やすひろ）

1940年東京都葛飾区生まれ。「リカちゃん」人形の初代開発担当者で、育ての親と呼ばれる。元タカラ専務。（財）日本玩具文化財団専務理事、（株）高砂商事の代表取締役を務めた。
1963年立教大学卒業後、タカラ（現タカラトミー）の前身タカラビニールに入社。「リカちゃん」人形をはじめ、女児向け人形分野に長く従事し、1975年から1980年まではタカラの関連会社で女児玩具を専門とする（株）エリカの取締役を務めた。1994年にタカラを退社後は、上記のほか、ＰＮＪ事業協同組合の副理事長、（株）トピック、（株）セキグチ、（株）東京ユニーク、（株）ピア21、（株）ぱあとわん、などの顧問を兼務。2013年没。長きにわたり、タカラトミー「リカちゃん チーム」の顧問として「リカちゃん」をかげながら見守った。

リカちゃん 生《う》まれます

2009年4月30日　第1刷発行
2017年7月18日　第3刷発行

著　者：小島康宏《こじまやすひろ》

発行者：加藤　潤

発行所：株式会社 集英社クリエイティブ
〒101-0051　東京都千代田区神田神保町2-23-1
電話　出版部　03-3239-3811

発売所：株式会社 集英社
〒101-8050　東京都千代田区一ツ橋2-5-10
電話　読者係　03-3230-6080
販売部　03-3230-6393（書店専用）

印刷所：凸版印刷株式会社

製本所：ナショナル製本協同組合

定価はカバーに表示してあります。

ISBN978-4-420-31034-5　C0076